住房和城乡建设领域施工现场专业人员继续教育培训教材

劳务员岗位知识

中国建设教育协会继续教育委员会　组织编写

中国建筑工业出版社

图书在版编目（CIP）数据

劳务员岗位知识/中国建设教育协会继续教育委员会组织编写.—北京：中国建筑工业出版社，2019.6（2020.11重印）
住房和城乡建设领域施工现场专业人员继续教育培训教材
ISBN 978-7-112-23854-5

Ⅰ.①劳… Ⅱ.①中… Ⅲ.①建筑工程-劳务-管理-继续教育-教材 Ⅳ.①F407.94

中国版本图书馆CIP数据核字（2019）第117402号

本书主要内容有《劳动法》等法律法规以及《关于推行终身职业技能培训制度的意见》《关于做好建设行业职业技能鉴定工作的通知》等近两年来颁布的法规和规章；建筑工人实名制管理办法；劳务纠纷处理和国际工程劳务等相关内容。

本书作为住房和城乡建设领域施工现场专业人员"劳务员"继续教育教材，重点是帮助劳务员在日常工作中熟悉和掌握有关的法规规章，掌握新的工作内容和具体的工作方法。

责任编辑：李　明　赵云波　朱首明
责任校对：李欣慰

住房和城乡建设领域施工现场专业人员继续教育培训教材
劳务员岗位知识
中国建设教育协会继续教育委员会　组织编写
*
中国建筑工业出版社出版、发行（北京海淀三里河路9号）
各地新华书店、建筑书店经销
唐山龙达图文制作有限公司制版
北京京华铭诚工贸有限公司印刷
*

开本：787×1092毫米　1/16　印张：8　字数：195千字
2019年8月第一版　2020年11月第三次印刷
定价：31.00元
ISBN 978-7-112-23854-5
（34064）

版权所有　翻印必究
如有印装质量问题，可寄本社退换
（邮政编码100037）

丛书编委会

主　任：高延伟　徐家斌
副主任：成　宁　徐盛发　金　强　李　明
委　员（按姓名笔画排序）：

马　记　马升军　王　飞　王正宇　王东升　王建玉
白俊锋　刘　忠　刘　媛　刘清泉　李　志　李　杰
李亚楠　李斌汉　余志毅　张　宠　张丽娟　张贵良
张燕娜　陈华辉　陈泽攀　范小叶　金广谦　金孝权
赵　山　胡本国　胡兴福　黄　玥　阚咏梅　魏偲燕

出版说明

住房和城乡建设领域施工现场专业人员（以下简称施工现场专业人员）是工程建设项目现场技术和管理关键岗位从业人员，人员队伍素质是影响工程质量和安全生产的关键因素。当前，我国建筑行业仍处于较快发展进程中，城镇化建设方兴未艾，城市房屋建设、基础设施建设、工业与能源基地建设、交通设施建设等市场需求旺盛。为适应行业发展需求，各类新标准、新规范陆续颁布实施，各种新技术、新设备、新工艺、新材料不断涌现，工程建设领域的知识更新和技术创新进一步加快。

为加强住房和城乡建设领域人才队伍建设，提升施工现场专业人员职业水平，住房和城乡建设部印发了《关于改进住房和城乡建设领域施工现场专业人员职业培训工作的指导意见》（建人〔2019〕9号）、《关于推进住房和城乡建设领域施工现场专业人员职业培训工作的通知》（建办人函〔2019〕384号），并委托中国建筑工业出版社组织制定了《住房和城乡建设领域施工现场专业人员继续教育大纲》。依据大纲，中国建筑工业出版社、中国建设教育协会继续教育委员会和江苏省建设教育协会，共同组织行业内具有多年教学和现场管理实践经验的专家编写了本套教材。

本套教材共14本，即：《公共基础知识》（各岗位通用）与《××员岗位知识》（13个岗位），覆盖了《建筑与市政工程施工现场专业人员职业标准》涉及的施工员、质量员、标准员、材料员、机械员、劳务员、资料员等13个岗位，结合企业发展与从业人员技能提升需求，精选教学内容，突出能力导向，助力施工现场专业人员更新专业知识，提升专业素质、职业水平和道德素养。

我们的编写工作难免存在不足，请使用本套教材的培训机构、教师和广大学员多提宝贵意见，以便进一步修订完善。

前　言

本书是建筑与市政工程施工现场劳务员继续教育用书，主要内容有法律法规、建筑工人实名制管理、劳务纠纷处理和国际工程劳务管理四个方面。在编排上除充分考虑了劳务员必须掌握的《劳动合同法》《工伤保险条例》等法律法规外，增加和补充了劳务员应该熟悉和掌握的《关于推行终身职业技能培训制度的意见》（国发［2018］11号）、《关于新生代农民工职业技能提升计划》（人社部［2019］5号）、《关于做好建设行业职业技能鉴定工作的通知》（建人［2019］5号）等近两年来颁布的法规和规章；本书根据住房城乡建设部、人力资源社会保障部联合发布的《关于印发建筑工人实名制管理办法（试行）的通知》精神，编入了建筑工人实名制管理的具体要求和做法；编入了工伤事故、劳动合同、劳务薪酬等纠纷的处理方法和案例分析；结合着"一带一路"的大形势，编入了国际工程劳务的一些基本知识。

本书第1章由徐州工程学院吕成编写，第2章由苏州市建设职业培训中心余志毅编写，第3章由江苏扬建集团有限公司徐筱舢编写，第4章由苏州市建设职业培训中心丁国忠编写。本书在编写过程中参阅和引用了部分专家学者的观点，得到了湖北、广东、山东等地专家的指导帮助，在此一并表示衷心的感谢。

由于作者水平有限和编写时间仓促，书中难免存在错误和不妥之处，敬请读者批评指正。

目　　录

第1章　相关法律法规 … 1
第1节　劳动合同法 … 1
第2节　职业病防治法 … 10
第3节　工伤保险条例 … 19
第4节　《职工带薪年休假条例》主要内容 … 26
第5节　关于推行终身职业技能培训制度的意见（国发〔2018〕11号） … 27
第6节　尘肺病防治条例 … 31
第7节　关于做好建设行业职业技能鉴定工作的通知（建人〔2019〕5号） … 33
第8节　关于新生代农民工职业技能提升计划（人社部发〔2019〕5号） … 35
第9节　劳务派遣暂行规定 … 37
第10节　建筑工人实名制管理办法（建市〔2019〕18号） … 40

第2章　建筑工人实名制管理 … 43
第1节　建筑工人实名制和实名制管理 … 43
第2节　建筑施工企业如何实施实名制管理 … 47
第3节　工资薪酬和社会保险 … 52
第4节　全国建筑工人管理服务信息平台数据标准 … 54

第3章　劳务纠纷处理 … 89
第1节　劳务纠纷的分类和形式 … 89
第2节　工伤事故纠纷的原因和处理方法 … 91
第3节　劳动合同纠纷的原因和处理方法 … 96
第4节　劳务薪酬纠纷的处理方法 … 100

第4章　国际工程劳务 … 106
第1节　国际工程劳务的特点及管理模式 … 106
第2节　输出劳务在其他国家造成劳务纠纷的处理方法 … 110
第3节　国际工程劳务制度的建立 … 112
第4节　国际工程劳务的使用和管理实践 … 113
第5节　国际工程劳务人员的选派管理 … 118

参考文献 … 121

第1章　相关法律法规

第1节　劳动合同法

1.1.1　总则

为了完善劳动合同制度，明确劳动合同双方当事人的权利和义务，保护劳动者的合法权益，构建和发展和谐稳定的劳动关系，全国人民代表大会常务委员会2007年6月29日通过，于2012年12月28日修订了《中华人民共和国劳动合同法》，自2013年7月1日起施行。

适用范围。 中华人民共和国境内的企业、个体经济组织、民办非企业单位等组织（以下称用人单位）与劳动者建立劳动关系，订立、履行、变更、解除或者终止劳动合同，适用本法。国家机关、事业单位、社会团体和与其建立劳动关系的劳动者，订立、履行、变更、解除或者终止劳动合同，依照本法执行。

基本原则。 订立劳动合同，应当遵循合法、公平、平等自愿、协商一致、诚实信用的原则。依法订立的劳动合同具有约束力，用人单位与劳动者应当履行劳动合同约定的义务。

用人单位应当依法建立和完善劳动规章制度，保障劳动者享有劳动权利、履行劳动义务。用人单位在制定、修改或者决定有关劳动报酬、工作时间、休息休假、劳动安全卫生、保险福利、职工培训、劳动纪律以及劳动定额管理等直接涉及劳动者切身利益的规章制度或者重大事项时，应当经职工代表大会或者全体职工讨论，提出方案和意见，与工会或者职工代表平等协商确定。在规章制度和重大事项决定实施过程中，工会或者职工认为不适当的，有权向用人单位提出，通过协商予以修改完善。用人单位应当将直接涉及劳动者切身利益的规章制度和重大事项决定公示，或者告知劳动者。

县级以上人民政府劳动行政部门会同工会和企业方面代表，建立健全协调劳动关系三方机制，共同研究解决有关劳动关系的重大问题。工会应当帮助、指导劳动者与用人单位依法订立和履行劳动合同，并与用人单位建立集体协商机制，维护劳动者的合法权益。

1.1.2　劳动合同的订立

1. 劳动关系的建立

用人单位自用工之日起即与劳动者建立劳动关系。用人单位应当建立职工名册备查。用人单位招用劳动者时，应当如实告知劳动者工作内容、工作条件、工作地点、职业危害、安全生产状况、劳动报酬，以及劳动者要求了解的其他情况；用人单位有权了解劳动者与劳动合同直接相关的基本情况，劳动者应当如实说明。

用人单位招用劳动者，不得扣押劳动者的居民身份证和其他证件，不得要求劳动者提供担保或者以其他名义向劳动者收取财物。建立劳动关系，应当订立书面劳动合同。劳动合同由用人单位与劳动者协商一致，并经用人单位与劳动者在劳动合同文本上签字或者盖章生效。劳动合同文本由用人单位和劳动者各执一份。

已建立劳动关系，未同时订立书面劳动合同的，应当自用工之日起一个月内订立书面劳动合同。用人单位与劳动者在用工前订立劳动合同的，劳动关系自用工之日起建立。

用人单位未在用工的同时订立书面劳动合同，与劳动者约定的劳动报酬不明确的，新招用的劳动者的劳动报酬按照集体合同规定的标准执行；没有集体合同或者集体合同未规定的，实行同工同酬。

2. 劳动合同的种类

劳动合同分为固定期限劳动合同、无固定期限劳动合同和以完成一定工作任务为期限的劳动合同。固定期限劳动合同，是指用人单位与劳动者约定合同终止时间的劳动合同。用人单位与劳动者协商一致，可以订立固定期限劳动合同。无固定期限劳动合同，是指用人单位与劳动者约定无确定终止时间的劳动合同。

用人单位与劳动者协商一致，可以订立无固定期限劳动合同。有下列情形之一，劳动者提出或者同意续订、订立劳动合同的，除劳动者提出订立固定期限劳动合同外，应当订立无固定期限劳动合同：

（1）劳动者在该用人单位连续工作满十年的；

（2）用人单位初次实行劳动合同制度或者国有企业改制重新订立劳动合同时，劳动者在该用人单位连续工作满十年且距法定退休年龄不足十年的；

（3）连续订立二次固定期限劳动合同，且劳动者没有本法第三十九条和第四十条第一项、第二项规定的情形，续订劳动合同的。

用人单位自用工之日起满一年不与劳动者订立书面劳动合同的，视为用人单位与劳动者已订立无固定期限劳动合同。

以完成一定工作任务为期限的劳动合同，是指用人单位与劳动者约定以某项工作的完成为合同期限的劳动合同。用人单位与劳动者协商一致，可以订立以完成一定工作任务为期限的劳动合同。

3. 劳动合同的内容

劳动合同应当具备以下条款：

（1）用人单位的名称、住所和法定代表人或者主要负责人；

（2）劳动者的姓名、住址和居民身份证或者其他有效身份证件号码；

（3）劳动合同期限；

（4）工作内容和工作地点；

（5）工作时间和休息休假；

（6）劳动报酬；

（7）社会保险；

（8）劳动保护、劳动条件和职业危害防护；

（9）法律、法规规定应当纳入劳动合同的其他事项。

劳动合同除前款规定的必备条款外，用人单位与劳动者可以约定试用期、培训、保守秘密、补充保险和福利待遇等其他事项。

劳动合同对劳动报酬和劳动条件等标准约定不明确，引发争议的，用人单位与劳动者可以重新协商；协商不成的，适用集体合同规定；没有集体合同或者集体合同未规定劳动报酬的，实行同工同酬；没有集体合同或者集体合同未规定劳动条件等标准的，适用国家有关规定。

4. 试用期的相关规定

劳动合同期限三个月以上不满一年的，试用期不得超过一个月；劳动合同期限一年以上不满三年的，试用期不得超过二个月；三年以上固定期限和无固定期限的劳动合同，试用期不得超过六个月。同一用人单位与同一劳动者只能约定一次试用期。以完成一定工作任务为期限的劳动合同或者劳动合同期限不满三个月的，不得约定试用期。试用期包含在劳动合同期限内。劳动合同仅约定试用期的，试用期不成立，该期限为劳动合同期限。

劳动者在试用期的工资不得低于本单位相同岗位最低档工资或者劳动合同约定工资的百分之八十，并不得低于用人单位所在地的最低工资标准。

在试用期中，除劳动者有本法第三十九条和第四十条第一项、第二项规定的情形外，用人单位不得解除劳动合同。用人单位在试用期解除劳动合同的，应当向劳动者说明理由。

用人单位为劳动者提供专项培训费用，对其进行专业技术培训的，可以与该劳动者订立协议，约定服务期。劳动者违反服务期约定的，应当按照约定向用人单位支付违约金。违约金的数额不得超过用人单位提供的培训费用。用人单位要求劳动者支付的违约金不得超过服务期尚未履行部分所应分摊的培训费用。

用人单位与劳动者约定服务期的，不影响按照正常的工资调整机制提高劳动者在服务期间的劳动报酬。

5. 保密和竞业限制

用人单位与劳动者可以在劳动合同中约定保守用人单位的商业秘密和与知识产权相关的保密事项。对负有保密义务的劳动者，用人单位可以在劳动合同或者保密协议中与劳动者约定竞业限制条款，并约定在解除或者终止劳动合同后，在竞业限制期限内按月给予劳动者经济补偿。劳动者违反竞业限制约定的，应当按照约定向用人单位支付违约金。

竞业限制的人员限于用人单位的高级管理人员、高级技术人员和其他负有保密义务的人员。竞业限制的范围、地域、期限由用人单位与劳动者约定，竞业限制的约定不得违反法律、法规的规定。

在解除或者终止劳动合同后，前款规定的人员到与本单位生产或者经营同类产品、从事同类业务的有竞争关系的其他用人单位，或者自己开业生产或者经营同类产品、从事同类业务的竞业限制期限，不得超过二年。

6. 劳动合同的无效

劳动合同无效或者部分无效情形：

（1）以欺诈、胁迫的手段或者乘人之危，使对方在违背真实意思的情况下订立或者变更劳动合同的；

（2）用人单位免除自己的法定责任、排除劳动者权利的；

（3）违反法律、行政法规强制性规定的。

对劳动合同的无效或者部分无效有争议的，由劳动争议仲裁机构或者人民法院确认。

劳动合同部分无效，不影响其他部分效力的，其他部分仍然有效。劳动合同被确认无效，劳动者已付出劳动的，用人单位应当向劳动者支付劳动报酬。劳动报酬的数额，参照本单位相同或者相近岗位劳动者的劳动报酬确定。

除《中华人民共和国劳动合同法》第二十二条和第二十三条规定的情形外，用人单位不得与劳动者约定由劳动者承担违约金。

1.1.3 劳动合同的履行和变更

劳动合同的履行。 用人单位与劳动者应当按照劳动合同的约定，全面履行各自的义务。

劳动报酬。 用人单位应当按照劳动合同约定和国家规定，向劳动者及时足额支付劳动报酬。用人单位拖欠或者未足额支付劳动报酬的，劳动者可以依法向当地人民法院申请支付令，人民法院应当依法发出支付令。

加班。 用人单位应当严格执行劳动定额标准，不得强迫或者变相强迫劳动者加班。用人单位安排加班的，应当按照国家有关规定向劳动者支付加班费。

劳动者拒绝违章指挥、强令冒险作业。 劳动者拒绝用人单位管理人员违章指挥、强令冒险作业的，不视为违反劳动合同。劳动者对危害生命安全和身体健康的劳动条件，有权对用人单位提出批评、检举和控告。

用人单位名称、法定代表人等的变更。 用人单位变更名称、法定代表人、主要负责人或者投资人等事项，不影响劳动合同的履行。

用人单位合并或者分立。 用人单位发生合并或者分立等情况，原劳动合同继续有效，劳动合同由承继其权利和义务的用人单位继续履行。

劳动合同的变更。 用人单位与劳动者协商一致，可以变更劳动合同约定的内容。变更劳动合同，应当采用书面形式。变更后的劳动合同文本由用人单位和劳动者各执一份。

1.1.4 劳动合同的解除和终止

协商解除劳动合同。 用人单位与劳动者协商一致，可以解除劳动合同。

劳动者提前通知解除劳动合同。 劳动者提前三十日以书面形式通知用人单位，可以解除劳动合同。劳动者在试用期内提前三日通知用人单位，可以解除劳动合同。

劳动者单方解除劳动合同。 用人单位有下列情形之一的，劳动者可以解除劳动合同：

（1）未按照劳动合同约定提供劳动保护或者劳动条件的；
（2）未及时足额支付劳动报酬的；
（3）未依法为劳动者缴纳社会保险费的；
（4）用人单位的规章制度违反法律、法规的规定，损害劳动者权益的；
（5）本法第二十六条第一款规定的情形致使劳动合同无效的；
（6）法律、行政法规规定劳动者可以解除劳动合同的其他情形。

用人单位以暴力、威胁或者非法限制人身自由的手段强迫劳动者劳动的，或者用人单位违章指挥、强令冒险作业危及劳动者人身安全的，劳动者可以立即解除劳动合同，不需事先告知用人单位。

用人单位单方解除劳动合同（过失性辞退）。 劳动者有下列情形之一的，用人单位可以解除劳动合同：

(1) 在试用期间被证明不符合录用条件的；
(2) 严重违反用人单位的规章制度的；
(3) 严重失职，营私舞弊，给用人单位造成重大损害的；
(4) 劳动者同时与其他用人单位建立劳动关系，对完成本单位的工作任务造成严重影响，或者经用人单位提出，拒不改正的；
(5) 本法第二十六条第一款第一项规定的情形致使劳动合同无效的；
(6) 被依法追究刑事责任的。

无过失性辞退。 有下列情形之一的，用人单位提前三十日以书面形式通知劳动者本人或者额外支付劳动者一个月工资后，可以解除劳动合同：

(1) 劳动者患病或者非因工负伤，在规定的医疗期满后不能从事原工作，也不能从事由用人单位另行安排的工作的；
(2) 劳动者不能胜任工作，经过培训或者调整工作岗位，仍不能胜任工作的；
(3) 劳动合同订立时所依据的客观情况发生重大变化，致使劳动合同无法履行，经用人单位与劳动者协商，未能就变更劳动合同内容达成协议的。

经济性裁员。 有下列情形之一，需要裁减人员二十人以上或者裁减不足二十人，但占企业职工总数百分之十以上的，用人单位提前三十日向工会或者全体职工说明情况，听取工会或者职工的意见后，裁减人员方案经向劳动行政部门报告，可以裁减人员：

(1) 依照企业破产法规定进行重整的；
(2) 生产经营发生严重困难的；
(3) 企业转产、重大技术革新或者经营方式调整，经变更劳动合同后，仍需裁减人员的；
(4) 其他因劳动合同订立时所依据的客观经济情况发生重大变化，致使劳动合同无法履行的。

裁减人员时，应当优先留用下列人员：

(1) 与本单位订立较长期限的固定期限劳动合同的；
(2) 与本单位订立无固定期限劳动合同的；
(3) 家庭无其他就业人员，有需要扶养的老人或者未成年人的。

用人单位依照本条第一款规定裁减人员，在六个月内重新招用人员的，应当通知被裁减的人员，并在同等条件下优先招用被裁减的人员。

用人单位不得解除劳动合同的情形。 劳动者有下列情形之一的，用人单位不得依照本法第四十条、第四十一条的规定解除劳动合同：

(1) 从事接触职业病危害作业的劳动者未进行离岗前职业健康检查，或者疑似职业病病人在诊断或者医学观察期间的；
(2) 在本单位患职业病或者因工负伤并被确认丧失或者部分丧失劳动能力的；
(3) 患病或者非因工负伤，在规定的医疗期内的；
(4) 女职工在孕期、产期、哺乳期的；
(5) 在本单位连续工作满十五年，且距法定退休年龄不足五年的；

(6）法律、行政法规规定的其他情形。

工会在劳动合同解除中的监督作用。 用人单位单方解除劳动合同，应当事先将理由通知工会。用人单位违反法律、行政法规规定或者劳动合同约定的，工会有权要求用人单位纠正。用人单位应当研究工会的意见，并将处理结果书面通知工会。

劳动合同的终止。 有下列情形之一的，劳动合同终止：

（1）劳动合同期满的；
（2）劳动者开始依法享受基本养老保险待遇的；
（3）劳动者死亡，或者被人民法院宣告死亡或者宣告失踪的；
（4）用人单位被依法宣告破产的；
（5）用人单位被吊销营业执照、责令关闭、撤销或者用人单位决定提前解散的；
（6）法律、行政法规规定的其他情形。

劳动合同的逾期终止。 劳动合同期满，有本法第四十二条规定情形之一的，劳动合同应当续延至相应的情形消失时终止。但是，本法第四十二条第二项规定丧失或者部分丧失劳动能力劳动者的劳动合同的终止，按照国家有关工伤保险的规定执行。

经济补偿。 有下列情形之一的，用人单位应当向劳动者支付经济补偿：

（1）劳动者依照本法第三十八条规定解除劳动合同的；
（2）用人单位依照本法第三十六条规定向劳动者提出解除劳动合同并与劳动者协商一致解除劳动合同的；
（3）用人单位依照本法第四十条规定解除劳动合同的；
（4）用人单位依照本法第四十一条第一款规定解除劳动合同的；
（5）除用人单位维持或者提高劳动合同约定条件续订劳动合同，劳动者不同意续订的情形外，依照本法第四十四条第一项规定终止固定期限劳动合同的；
（6）依照本法第四十四条第四项、第五项规定终止劳动合同的；
（7）法律、行政法规规定的其他情形。

经济补偿的计算。 经济补偿按劳动者在本单位工作的年限，每满一年支付一个月工资的标准向劳动者支付。六个月以上不满一年的，按一年计算；不满六个月的，向劳动者支付半个月工资的经济补偿。

劳动者月工资高于用人单位所在直辖市、设区的市级人民政府公布的本地区上年度职工月平均工资三倍的，向其支付经济补偿的标准按职工月平均工资三倍的数额支付，向其支付经济补偿的年限最高不超过十二年。

月工资是指劳动者在劳动合同解除或者终止前十二个月的平均工资。

违法解除或者终止劳动合同的法律后果。 用人单位违反本法规定解除或者终止劳动合同，劳动者要求继续履行劳动合同的，用人单位应当继续履行；劳动者不要求继续履行劳动合同或者劳动合同已经不能继续履行的，用人单位应当依照《劳动合同法》第八十七条规定支付赔偿金。

社会保险关系跨地区转移接续。 国家采取措施，建立健全劳动者社会保险关系跨地区转移接续制度。

劳动合同解除或者终止后双方的义务。用人单位应当在解除或者终止劳动合同时出具解除或者终止劳动合同的证明,并在十五日内为劳动者办理档案和社会保险关系转移手续。

劳动者应当按照双方约定,办理工作交接。用人单位依照本法有关规定应当向劳动者支付经济补偿的,在办结工作交接时支付。

用人单位对已经解除或者终止的劳动合同的文本,至少保存两年备查。

1.1.5 特别规定

1. 集体合同

集体合同的订立和内容。企业职工一方与用人单位通过平等协商,可以就劳动报酬、工作时间、休息休假、劳动安全卫生、保险福利等事项订立集体合同。集体合同草案应当提交职工代表大会或者全体职工讨论通过。集体合同由工会代表企业职工一方与用人单位订立;尚未建立工会的用人单位,由上级工会指导劳动者推举的代表与用人单位订立。

专项集体合同。企业职工一方与用人单位可以订立劳动安全卫生、女职工权益保护、工资调整机制等专项集体合同。

行业性集体合同、区域性集体合同。在县级以下区域内,建筑业、采矿业、餐饮服务业等行业可以由工会与企业方面代表订立行业性集体合同,或者订立区域性集体合同。

集体合同的报送和生效。集体合同订立后,应当报送劳动行政部门;劳动行政部门自收到集体合同文本之日起十五日内未提出异议的,集体合同即行生效。依法订立的集体合同对用人单位和劳动者具有约束力。行业性、区域性集体合同对当地本行业、本区域的用人单位和劳动者具有约束力。

集体合同中劳动报酬、劳动条件等标准。集体合同中劳动报酬和劳动条件等标准不得低于当地人民政府规定的最低标准;用人单位与劳动者订立的劳动合同中劳动报酬和劳动条件等标准不得低于集体合同规定的标准。

集体合同纠纷和法律救济。用人单位违反集体合同,侵犯职工劳动权益的,工会可以依法要求用人单位承担责任;因履行集体合同发生争议,经协商解决不成的,工会可以依法申请仲裁、提起诉讼。

2. 劳务派遣

劳务派遣单位的设立。经营劳务派遣业务应当具备下列条件:

(1) 注册资本不得少于人民币二百万元;
(2) 有与开展业务相适应的固定的经营场所和设施;
(3) 有符合法律、行政法规规定的劳务派遣管理制度;
(4) 法律、行政法规规定的其他条件。

经营劳务派遣业务,应当向劳动行政部门依法申请行政许可;经许可的,依法办理相应的公司登记。未经许可,任何单位和个人不得经营劳务派遣业务。

劳务派遣单位、用工单位及劳动者的权利义务。劳务派遣单位是本法所称用人单位,应当履行用人单位对劳动者的义务。劳务派遣单位与被派遣劳动者订立的劳动合同,除应当载明本法第十七条规定的事项外,还应当载明被派遣劳动者的用工单位以及派遣期限、工作岗位等情况。劳务派遣单位应当与被派遣劳动者订立两年以上的固定期限劳动合同,按月支付劳动报酬；被派遣劳动者在无工作期间，劳务派遣单位应当按照所在地人民政府规定的最低工资标准，向其按月支付报酬。

劳务派遣协议。 劳务派遣单位派遣劳动者应当与接受以劳务派遣形式用工的单位（以下称"用工单位"）订立劳务派遣协议。劳务派遣协议应当约定派遣岗位和人员数量、派遣期限、劳动报酬和社会保险费的数额与支付方式以及违反协议的责任。用工单位应当根据工作岗位的实际需要与劳务派遣单位确定派遣期限，不得将连续用工期限分割订立数个短期劳务派遣协议。

劳务派遣单位的告知义务。 劳务派遣单位应当将劳务派遣协议的内容告知被派遣劳动者。劳务派遣单位不得克扣用工单位按照劳务派遣协议支付给被派遣劳动者的劳动报酬。劳务派遣单位和用工单位不得向被派遣劳动者收取费用。

跨地区派遣劳动者的劳动报酬、劳动条件。 劳务派遣单位跨地区派遣劳动者的，被派遣劳动者享有的劳动报酬和劳动条件，按照用工单位所在地的标准执行。

用工单位的义务。 用工单位应当履行下列义务：

（1）执行国家劳动标准，提供相应的劳动条件和劳动保护；
（2）告知被派遣劳动者的工作要求和劳动报酬；
（3）支付加班费、绩效奖金，提供与工作岗位相关的福利待遇；
（4）对在岗被派遣劳动者进行工作岗位所必需的培训；
（5）连续用工的，实行正常的工资调整机制。

用工单位不得将被派遣劳动者再派遣到其他用人单位。

被派遣劳动者同工同酬。 被派遣劳动者享有与用工单位的劳动者同工同酬的权利。用工单位应当按照同工同酬原则，对被派遣劳动者与本单位同类岗位的劳动者实行相同的劳动报酬分配办法。用工单位无同类岗位劳动者的，参照用工单位所在地相同或者相近岗位劳动者的劳动报酬确定。劳务派遣单位与被派遣劳动者订立的劳动合同和与用工单位订立的劳务派遣协议，载明或者约定的向被派遣劳动者支付的劳动报酬应当符合前款规定。

被派遣劳动者参加或者组织工会。 被派遣劳动者有权在劳务派遣单位或者用工单位依法参加或者组织工会，维护自身的合法权益。

劳务派遣中解除劳动合同。 被派遣劳动者可以依照《劳动合同法》第三十六条、第三十八条的规定与劳务派遣单位解除劳动合同。被派遣劳动者有《劳动合同法》第三十九条和第四十条第一项、第二项规定情形的，用工单位可以将劳动者退回劳务派遣单位，劳务派遣单位依照本法有关规定，可以与劳动者解除劳动合同。

劳务派遣的适用岗位。 劳动合同用工是我国的企业基本用工形式。劳务派遣用工是补充形式，只能在临时性、辅助性或者替代性的工作岗位上实施。临时性工作岗位是指存续时间不超过六个月的岗位；辅助性工作岗位是指为主营业务岗位提供服务的非主营业务岗位；替代性工作岗位是指用工单位的劳动者因脱产学习、休假等原因无法工作的一定期间内，可以由其他劳动者替代工作的岗位。用工单位应当严格控制劳务派遣用工数量，不得超过其用工总量的一定比例，具体比例由国务院劳动行政部门规定。

用人单位不得自设劳务派遣单位。 用人单位不得设立劳务派遣单位向本单位或者所属单位派遣劳动者。

3. 非全日制用工

非全日制用工的概念。非全日制用工，是指以小时计酬为主，劳动者在同一用人单位一般平均每日工作时间不超过四小时，每周工作时间累计不超过二十四小时的用工形式。

非全日制用工的劳动合同。非全日制用工双方当事人可以订立口头协议。从事非全日制用工的劳动者可以与一个或者一个以上用人单位订立劳动合同；但是，后订立的劳动合同不得影响先订立的劳动合同的履行。

非全日制用工不得约定试用期。非全日制用工双方当事人不得约定试用期。

非全日制用工的终止用工。非全日制用工双方当事人任何一方都可以随时通知对方终止用工。终止用工，用人单位不向劳动者支付经济补偿。

非全日制用工的劳动报酬。非全日制用工小时计酬标准不得低于用人单位所在地人民政府规定的最低小时工资标准。非全日制用工劳动报酬结算支付周期最长不得超过十五日。

1.1.6 法律责任

规章制度违法的法律责任。用人单位直接涉及劳动者切身利益的规章制度违反法律、法规规定的，由劳动行政部门责令改正，给予警告；给劳动者造成损害的，应当承担赔偿责任。

缺乏必备条款、不提供劳动合同文本的法律责任。用人单位提供的劳动合同文本未载明本法规定的劳动合同必备条款或者用人单位未将劳动合同文本交付劳动者的，由劳动行政部门责令改正；给劳动者造成损害的，应当承担赔偿责任。

不订立书面劳动合同的法律责任。用人单位自用工之日起超过一个月不满一年未与劳动者订立书面劳动合同的，应当向劳动者每月支付二倍的工资。用人单位违反本法规定不与劳动者订立无固定期限劳动合同的，自应当订立无固定期限劳动合同之日起向劳动者每月支付二倍的工资。

违法约定试用期的法律责任。用人单位违反本法规定与劳动者约定试用期的，由劳动行政部门责令改正；违法约定的试用期已经履行的，由用人单位以劳动者试用期满月工资为标准，按已经履行的超过法定试用期的期间向劳动者支付赔偿金。

扣押劳动者身份等证件的法律责任。用人单位违反本法规定，扣押劳动者居民身份证等证件的，由劳动行政部门责令限期退还劳动者本人，并依照有关法律规定给予处罚。用人单位违反本法规定，以担保或者其他名义向劳动者收取财物的，由劳动行政部门责令限期退还劳动者本人，并以每人五百元以上二千元以下的标准处以罚款；给劳动者造成损害的，应当承担赔偿责任。劳动者依法解除或者终止劳动合同，用人单位扣押劳动者档案或者其他物品的，依照前款规定处罚。

未依法支付劳动报酬、经济补偿等的法律责任。用人单位有下列情形之一的，由劳动行政部门责令限期支付劳动报酬、加班费或者经济补偿；劳动报酬低于当地最低工资标准的，应当支付其差额部分；逾期不支付的，责令用人单位按应付金额百分之五十以上百分之一百以下的标准向劳动者加付赔偿金：

(1) 未按照劳动合同的约定或者国家规定及时足额支付劳动者劳动报酬的；
(2) 低于当地最低工资标准支付劳动者工资的；
(3) 安排加班不支付加班费的；

(4) 解除或者终止劳动合同，未依照本法规定向劳动者支付经济补偿的。

订立无效劳动合同的法律责任。 劳动合同依照本法第二十六条规定被确认无效，给对方造成损害的，有过错的一方应当承担赔偿责任。

违反解除或者终止劳动合同的法律责任。 用人单位违反本法规定解除或者终止劳动合同的，应当依照本法第四十七条规定的经济补偿标准的二倍向劳动者支付赔偿金。

侵害劳动者人身权益的法律责任。 用人单位有下列情形之一的，依法给予行政处罚；构成犯罪的，依法追究刑事责任；给劳动者造成损害的，应当承担赔偿责任：

(1) 以暴力、威胁或者非法限制人身自由的手段强迫劳动的；
(2) 违章指挥或者强令冒险作业危及劳动者人身安全的；
(3) 侮辱、体罚、殴打、非法搜查或者拘禁劳动者的；
(4) 劳动条件恶劣、环境污染严重，给劳动者身心健康造成严重损害的。

不出具解除、终止书面证明的法律责任。 用人单位违反本法规定未向劳动者出具解除或者终止劳动合同的书面证明，由劳动行政部门责令改正；给劳动者造成损害的，应当承担赔偿责任。

劳动者的赔偿责任。 劳动者违法解除劳动合同，或者违反劳动合同中约定的保密义务或者竞业限制，给用人单位造成损失的，应当承担赔偿责任。

用人单位的连带赔偿责任。 用人单位招用与其他用人单位尚未解除或者终止劳动合同的劳动者，给其他用人单位造成损失的，应当承担连带赔偿责任。

劳务派遣单位的法律责任。 违反本法规定，未经许可，擅自经营劳务派遣业务的，由劳动行政部门责令停止违法行为，没收违法所得，并处违法所得一倍以上五倍以下的罚款；没有违法所得的，可以处五万元以下的罚款。劳务派遣单位、用工单位违反本法有关劳务派遣规定的，由劳动行政部门责令限期改正；逾期不改正的，以每人五千元以上一万元以下的标准处以罚款，对劳务派遣单位，吊销其劳务派遣业务经营许可证。用工单位给被派遣劳动者造成损害的，劳务派遣单位与用工单位承担连带赔偿责任。

无营业执照经营单位的法律责任。 对不具备合法经营资格的用人单位的违法犯罪行为，依法追究法律责任；劳动者已经付出劳动的，该单位或者其出资人应当依照本法有关规定向劳动者支付劳动报酬、经济补偿、赔偿金；给劳动者造成损害的，应当承担赔偿责任。

个人承包经营者的连带赔偿责任。 个人承包经营违反本法规定招用劳动者，给劳动者造成损害的，发包的组织与个人承包经营者承担连带赔偿责任。

不履行法定职责、违法行使职权的法律责任。 劳动行政部门和其他有关主管部门及其工作人员玩忽职守、不履行法定职责，或者违法行使职权，给劳动者或者用人单位造成损害的，应当承担赔偿责任；对直接负责的主管人员和其他直接责任人员，依法给予行政处分；构成犯罪的，依法追究刑事责任。

第 2 节　职业病防治法

《中华人民共和国职业病防治法》是为了预防、控制和消除职业病危害，防治职业病，保护劳动者健康及其相关权益，促进经济社会发展，根据宪法制定的法律；分别在 2001 年、2011 年、2017 年、2018 年进行了 4 次修订。

职业病，是指企业、事业单位和个体经济组织等用人单位的劳动者在职业活动中，因接触粉尘、放射性物质和其他有毒、有害因素而引起的疾病。

职业病危害，是指对从事职业活动的劳动者可能导致职业病的各种危害。职业病危害因素包括：职业活动中存在的各种有害的化学、物理、生物因素以及在作业过程中产生的其他职业有害因素。

职业禁忌，是指劳动者从事特定职业或者接触特定职业病危害因素时，比一般职业人群更易于遭受职业病危害和罹患职业病或者可能导致原有自身疾病病情加重，或者在从事作业过程中诱发可能导致对他人生命健康构成危险的疾病的个人特殊生理或者病理状态。

1.2.1 职业病防治基本原则

职业病防治工作坚持预防为主、防治结合的方针，建立用人单位负责、行政机关监管、行业自律、职工参与和社会监督的机制，实行分类管理、综合治理。

劳动者依法享有职业卫生保护的权利。

用人单位应当为劳动者创造符合国家职业卫生标准和卫生要求的工作环境和条件，并采取措施保障劳动者获得职业卫生保护。

工会组织依法对职业病防治工作进行监督，维护劳动者的合法权益。用人单位制定或者修改有关职业病防治的规章制度，应当听取工会组织的意见。

用人单位应当建立、健全职业病防治责任制，加强对职业病防治的管理，提高职业病防治水平，对本单位产生的职业病危害承担责任。

用人单位的主要负责人对本单位的职业病防治工作全面负责。用人单位必须依法参加工伤保险。

国务院和县级以上地方人民政府劳动保障行政部门应当加强对工伤保险的监督管理，确保劳动者依法享受工伤保险待遇。

国家鼓励和支持研制、开发、推广、应用有利于职业病防治和保护劳动者健康的新技术、新工艺、新设备、新材料，加强对职业病的机理和发生规律的基础研究，提高职业病防治科学技术水平；积极采用有效的职业病防治技术、工艺、设备、材料；限制使用或者淘汰职业病危害严重的技术、工艺、设备、材料。国家鼓励和支持职业病医疗康复机构的建设。国家实行职业卫生监督制度。

任何单位和个人有权对违反本法的行为进行检举和控告。有关部门收到相关的检举和控告后，应当及时处理。对防治职业病成绩显著的单位和个人，给予奖励。

1.2.2 职业病前期预防

用人单位应当依照法律、法规要求，严格遵守国家职业卫生标准，落实职业病预防措施，从源头上控制和消除职业病危害。

产生职业病危害的用人单位的设立除应当符合法律、行政法规规定的设立条件外，其工作场所还应当符合下列职业卫生要求：

(1) 职业病危害因素的强度或者浓度符合国家职业卫生标准；
(2) 有与职业病危害防护相适应的设施；
(3) 生产布局合理，符合有害与无害作业分开的原则；

(4) 有配套的更衣间、洗浴间、孕妇休息间等卫生设施；

(5) 设备、工具、用具等设施符合保护劳动者生理、心理健康的要求；

(6) 法律、行政法规和国务院卫生行政部门、安全生产监督管理部门关于保护劳动者健康的其他要求。

国家建立职业病危害项目申报制度。

用人单位工作场所存在职业病目录所列职业病的危害因素的，应当及时、如实向所在地安全生产监督管理部门申报危害项目，接受监督。

职业病危害因素分类目录由国务院卫生行政部门会同国务院安全生产监督管理部门制定、调整并公布。职业病危害项目申报的具体办法由国务院安全生产监督管理部门制定。新建、扩建、改建建设项目和技术改造、技术引进项目（以下统称建设项目）可能产生职业病危害的，建设单位在可行性论证阶段应当进行职业病危害预评价。

医疗机构建设项目可能产生放射性职业病危害的，建设单位应当向卫生行政部门提交放射性职业病危害预评价报告。卫生行政部门应当自收到预评价报告之日起三十日内，做出审核决定并书面通知建设单位。未提交预评价报告或者预评价报告未经卫生行政部门审核同意的，不得开工建设。

职业病危害预评价报告应当对建设项目可能产生的职业病危害因素及其对工作场所和劳动者健康的影响做出评价，确定危害类别和职业病防护措施。

建设项目职业病危害分类管理办法由国务院安全生产监督管理部门制定。

建设项目的职业病防护设施所需费用应当纳入建设项目工程预算，并与主体工程同时设计，同时施工，同时投入生产和使用。

建设项目的职业病防护设施设计应当符合国家职业卫生标准和卫生要求；其中，医疗机构放射性职业病危害严重的建设项目的防护设施设计，应当经卫生行政部门审查同意后，方可施工。

建设项目在竣工验收前，建设单位应当进行职业病危害控制效果评价。

医疗机构可能产生放射性职业病危害的建设项目竣工验收时，其放射性职业病防护设施经卫生行政部门验收合格后，方可投入使用；其他建设项目的职业病防护设施应当由建设单位负责依法组织验收，验收合格后，方可投入生产和使用。安全生产监督管理部门应当加强对建设单位组织的验收活动和验收结果的监督核查。

国家对从事放射性、高毒、高危粉尘等作业实行特殊管理。

1.2.3　职业病在劳动过程中的防护与管理

用人单位应当采取下列职业病防治管理措施：

(1) 设置或者指定职业卫生管理机构或者组织，配备专职或者兼职的职业卫生管理人员，负责本单位的职业病防治工作；

(2) 制定职业病防治计划和实施方案；

(3) 建立、健全职业卫生管理制度和操作规程；

(4) 建立、健全职业卫生档案和劳动者健康监护档案；

(5) 建立、健全工作场所职业病危害因素监测及评价制度；

(6) 建立、健全职业病危害事故应急救援预案。

用人单位应当保障职业病防治所需的资金投入，不得挤占、挪用，并对因资金投入不足导致的后果承担责任。

用人单位必须采用有效的职业病防护设施，并为劳动者提供个人使用的职业病防护用品。

用人单位为劳动者个人提供的职业病防护用品必须符合防治职业病的要求；不符合要求的，不得使用。

用人单位应当优先采用有利于防治职业病和保护劳动者健康的新技术、新工艺、新设备、新材料，逐步替代职业病危害严重的技术、工艺、设备、材料。

产生职业病危害的用人单位，应当在醒目位置设置公告栏，公布有关职业病防治的规章制度、操作规程、职业病危害事故应急救援措施和工作场所职业病危害因素检测结果。

对产生严重职业病危害的作业岗位，应当在其醒目位置，设置警示标识和中文警示说明。警示说明应当载明产生职业病危害的种类、后果、预防以及应急救治措施等内容。

对可能发生急性职业损伤的有毒、有害工作场所，用人单位应当设置报警装置，配置现场急救用品、冲洗设备、应急撤离通道和必要的泄险区。

对放射工作场所和放射性同位素的运输、贮存，用人单位必须配置防护设备和报警装置，保证接触放射线的工作人员佩戴个人剂量计。

对职业病防护设备、应急救援设施和个人使用的职业病防护用品，用人单位应当进行经常性的维护、检修，定期检测其性能和效果，确保其处于正常状态，不得擅自拆除或者停止使用。

用人单位应当实施由专人负责的职业病危害因素日常监测，并确保监测系统处于正常运行状态。用人单位应当按照国务院安全生产监督管理部门的规定，定期对工作场所进行职业病危害因素检测、评价。检测、评价结果存入用人单位职业卫生档案，定期向所在地安全生产监督管理部门报告并向劳动者公布。

职业病危害因素检测、评价由依法设立的取得国务院安全生产监督管理部门或者设区的市级以上地方人民政府安全生产监督管理部门按照职责分工给予资质认可的职业卫生技术服务机构进行。职业卫生技术服务机构所作检测、评价应当客观、真实。

发现工作场所职业病危害因素不符合国家职业卫生标准和卫生要求时，用人单位应当立即采取相应治理措施，仍然达不到国家职业卫生标准和卫生要求的，必须停止存在职业病危害因素的作业；职业病危害因素经治理后，符合国家职业卫生标准和卫生要求的，方可重新作业。

职业卫生技术服务机构依法从事职业病危害因素检测、评价工作，接受安全生产监督管理部门的监督检查。安全生产监督管理部门应当依法履行监督职责。

向用人单位提供可能产生职业病危害的设备的，应当提供中文说明书，并在设备的醒目位置设置警示标识和中文警示说明。警示说明应当载明设备性能、可能产生的职业病危害、安全操作和维护注意事项、职业病防护以及应急救治措施等内容。

向用人单位提供可能产生职业病危害的化学品、放射性同位素和含有放射性物质的材料的，应当提供中文说明书。说明书应当载明产品特性、主要成分、存在的有害因素、可能产生的危害后果、安全使用注意事项、职业病防护以及应急救治措施等内容。产品包装应当有醒目的警示标识和中文警示说明。贮存上述材料的场所应当在规定的部位设置危险物品标识或者放射性警示标识。

国内首次使用或者首次进口与职业病危害有关的化学材料，使用单位或者进口单位按照国家规定经国务院有关部门批准后，应当向国务院卫生行政部门、安全生产监督管理部门报送该化学材料的毒性鉴定以及经有关部门登记注册或者批准进口的文件等资料。

进口放射性同位素、射线装置和含有放射性物质的物品的，按照国家有关规定办理。

任何单位和个人不得生产、经营、进口和使用国家明令禁止使用的可能产生职业病危害的设备或者材料。任何单位和个人不得将产生职业病危害的作业转移给不具备职业病防护条件的单位和个人。不具备职业病防护条件的单位和个人不得接受产生职业病危害的作业。

用人单位对采用的技术、工艺、设备、材料，应当知悉其产生的职业病危害，对有职业病危害的技术、工艺、设备、材料隐瞒其危害而采用的，对所造成的职业病危害后果承担责任。用人单位与劳动者订立劳动合同（含聘用合同，下同）时，应当将工作过程中可能产生的职业病危害及其后果、职业病防护措施和待遇等如实告知劳动者，并在劳动合同中写明，不得隐瞒或者欺骗。

劳动者在已订立劳动合同期间因工作岗位或者工作内容变更，从事与所订立劳动合同中未告知的存在职业病危害的作业时，用人单位应当依照前款规定，向劳动者履行如实告知的义务，并协商变更原劳动合同相关条款。

用人单位违反规定的，劳动者有权拒绝从事存在职业病危害的作业，用人单位不得因此解除与劳动者所订立的劳动合同。用人单位的主要负责人和职业卫生管理人员应当接受职业卫生培训，遵守职业病防治法律、法规，依法组织本单位的职业病防治工作。用人单位应当对劳动者进行上岗前的职业卫生培训和在岗期间的定期职业卫生培训，普及职业卫生知识，督促劳动者遵守职业病防治法律、法规、规章和操作规程，指导劳动者正确使用职业病防护设备和个人使用的职业病防护用品。

劳动者应当学习和掌握相关的职业卫生知识，增强职业病防范意识，遵守职业病防治法律、法规、规章和操作规程，正确使用、维护职业病防护设备和个人使用的职业病防护用品，发现职业病危害事故隐患应当及时报告。劳动者不履行前款规定义务的，用人单位应当对其进行教育。

对从事接触职业病危害作业的劳动者，用人单位应当按照国务院安全生产监督管理部门、卫生行政部门的规定组织上岗前、在岗期间和离岗时的职业健康检查，并将检查结果书面告知劳动者。职业健康检查费用由用人单位承担。

用人单位不得安排未经上岗前职业健康检查的劳动者从事接触职业病危害的作业；不得安排有职业禁忌的劳动者从事其所禁忌的作业；对在职业健康检查中发现有与所从事的职业相关的健康损害的劳动者，应当调离原工作岗位，并妥善安置；对未进行离岗前职业健康检查的劳动者不得解除或者终止与其订立的劳动合同。职业健康检查应当由省级以上人民政府卫生行政部门批准的医疗卫生机构承担。用人单位应当为劳动者建立职业健康监护档案，并按照规定的期限妥善保存。

职业健康监护档案应当包括劳动者的职业史、职业病危害接触史、职业健康检查结果和职业病诊疗等有关个人健康资料。

劳动者离开用人单位时，有权索取本人职业健康监护档案复印件，用人单位应当如实、无偿提供，并在所提供的复印件上签章。

发生或者可能发生急性职业病危害事故时，用人单位应当立即采取应急救援和控制措施，并及时报告所在地安全生产监督管理部门和有关部门。安全生产监督管理部门接到报告后，应当及时会同有关部门组织调查处理；必要时，可以采取临时控制措施。卫生行政部门应当组织做好医疗救治工作。

对遭受或者可能遭受急性职业病危害的劳动者，用人单位应当及时组织救治、进行健康检查和医学观察，所需费用由用人单位承担。

用人单位不得安排未成年工从事接触职业病危害的作业；不得安排孕期、哺乳期的女职工从事对本人和胎儿、婴儿有危害的作业。

劳动者享有下列职业卫生保护权利：

（1）获得职业卫生教育、培训；
（2）获得职业健康检查、职业病诊疗、康复等职业病防治服务；
（3）了解工作场所产生或者可能产生的职业病危害因素、危害后果和应当采取的职业病防护措施；
（4）要求用人单位提供符合防治职业病要求的职业病防护设施和个人使用的职业病防护用品，改善工作条件；
（5）对违反职业病防治法律、法规以及危及生命健康的行为提出批评、检举和控告；
（6）拒绝违章指挥和强令进行没有职业病防护措施的作业；
（7）参与用人单位职业卫生工作的民主管理，对职业病防治工作提出意见和建议。

用人单位应当保障劳动者行使前款所列权利。因劳动者依法行使正当权利而降低其工资、福利等待遇或者解除、终止与其订立的劳动合同的，其行为无效。

工会组织应当督促并协助用人单位开展职业卫生宣传教育和培训，有权对用人单位的职业病防治工作提出意见和建议，依法代表劳动者与用人单位签订劳动安全卫生专项集体合同，与用人单位就劳动者反映的有关职业病防治的问题进行协调并督促解决。

工会组织对用人单位违反职业病防治法律、法规，侵犯劳动者合法权益的行为，有权要求纠正；产生严重职业病危害时，有权要求采取防护措施，或者向政府有关部门建议采取强制性措施；发生职业病危害事故时，有权参与事故调查处理；发现危及劳动者生命健康的情形时，有权向用人单位建议组织劳动者撤离危险现场，用人单位应当立即作出处理。

用人单位按照职业病防治要求，用于预防和治理职业病危害、工作场所卫生检测、健康监护和职业卫生培训等费用，按照国家有关规定，在生产成本中据实列支。

职业卫生监督管理部门应当按照职责分工，加强对用人单位落实职业病防护管理措施情况的监督检查，依法行使职权，承担责任。

1.2.4 职业病诊断与职业病病人保障

医疗卫生机构承担职业病诊断，应当经省、自治区、直辖市人民政府卫生行政部门批准。省、自治区、直辖市人民政府卫生行政部门应当向社会公布本行政区域内承担职业病诊断的医疗卫生机构的名单。

承担职业病诊断的医疗卫生机构应当具备下列条件：

(1) 持有《医疗机构执业许可证》；
(2) 具有与开展职业病诊断相适应的医疗卫生技术人员；
(3) 具有与开展职业病诊断相适应的仪器、设备；
(4) 具有健全的职业病诊断质量管理制度。

承担职业病诊断的医疗卫生机构不得拒绝劳动者进行职业病诊断的要求。

劳动者可以在用人单位所在地、本人户籍所在地或者经常居住地依法承担职业病诊断的医疗卫生机构进行职业病诊断。

职业病诊断标准和职业病诊断、鉴定办法由国务院卫生行政部门制定。职业病伤残等级的鉴定办法由国务院劳动保障行政部门会同国务院卫生行政部门制定。

职业病诊断，应当综合分析下列因素：

(1) 病人的职业史；
(2) 职业病危害接触史和工作场所职业病危害因素情况；
(3) 临床表现以及辅助检查结果等。

没有证据否定职业病危害因素与病人临床表现之间的必然联系的，应当诊断为职业病。

承担职业病诊断的医疗卫生机构在进行职业病诊断时，应当组织三名以上取得职业病诊断资格的执业医师集体诊断。

职业病诊断证明书应当由参与诊断的医师共同签署，并经承担职业病诊断的医疗卫生机构审核盖章。

用人单位应当如实提供职业病诊断、鉴定所需的劳动者职业史和职业病危害接触史、工作场所职业病危害因素检测结果等资料；安全生产监督管理部门应当监督检查和督促用人单位提供上述资料；劳动者和有关机构也应当提供与职业病诊断、鉴定有关的资料。

职业病诊断、鉴定机构需要了解工作场所职业病危害因素情况时，可以对工作场所进行现场调查，也可以向安全生产监督管理部门提出，安全生产监督管理部门应当在十日内组织现场调查。用人单位不得拒绝、阻挠。

职业病诊断、鉴定过程中，用人单位不提供工作场所职业病危害因素检测结果等资料的，诊断、鉴定机构应当结合劳动者的临床表现、辅助检查结果和劳动者的职业史、职业病危害接触史，并参考劳动者的自述、安全生产监督管理部门提供的日常监督检查信息等，作出职业病诊断、鉴定结论。

劳动者对用人单位提供的工作场所职业病危害因素检测结果等资料有异议，或者因劳动者的用人单位解散、破产，无用人单位提供上述资料的，诊断、鉴定机构应当提请安全生产监督管理部门进行调查，安全生产监督管理部门应当自接到申请之日起三十日内对存在异议的资料或者工作场所职业病危害因素情况作出判定；有关部门应当配合。

职业病诊断、鉴定过程中，在确认劳动者职业史、职业病危害接触史时，当事人对劳动关系、工种、工作岗位或者在岗时间有争议的，可以向当地的劳动人事争议仲裁委员会申请仲裁；接到申请的劳动人事争议仲裁委员会应当受理，并在三十日内作出裁决。

当事人在仲裁过程中对自己提出的主张，有责任提供证据。劳动者无法提供由用人单位掌握管理的与仲裁主张有关的证据的，仲裁庭应当要求用人单位在指定期限内提供；用人单位在指定期限内不提供的，应当承担不利后果。

劳动者对仲裁裁决不服的，可以依法向人民法院提起诉讼。

用人单位对仲裁裁决不服的，可以在职业病诊断、鉴定程序结束之日起十五日内依法向人民法院提起诉讼；诉讼期间，劳动者的治疗费用按照职业病待遇规定的途径支付。

用人单位和医疗卫生机构发现职业病病人或者疑似职业病病人时，应当及时向所在地卫生行政部门和安全生产监督管理部门报告。确诊为职业病的，用人单位还应当向所在地劳动保障行政部门报告。接到报告的部门应当依法作出处理。

当事人对职业病诊断有异议的，可以向作出诊断的医疗卫生机构所在地地方人民政府卫生行政部门申请鉴定。

职业病诊断争议由设区的市级以上地方人民政府卫生行政部门根据当事人的申请，组织职业病诊断鉴定委员会进行鉴定。当事人对设区的市级职业病诊断鉴定委员会的鉴定结论不服的，可以向省、自治区、直辖市人民政府卫生行政部门申请再鉴定。职业病诊断鉴定委员会由相关专业的专家组成。

职业病诊断鉴定委员会组成人员应当遵守职业道德，客观、公正地进行诊断鉴定，并承担相应的责任。职业病诊断鉴定委员会组成人员不得私下接触当事人，不得收受当事人的财物或者其他好处，与当事人有利害关系的，应当回避。

人民法院受理有关案件需要进行职业病鉴定时，应当从省、自治区、直辖市人民政府卫生行政部门依法设立的相关的专家库中选取参加鉴定的专家。

医疗卫生机构发现疑似职业病病人时，应当告知劳动者本人并及时通知用人单位。用人单位应当及时安排对疑似职业病病人进行诊断；在疑似职业病病人诊断或者医学观察期间，不得解除或者终止与其订立的劳动合同。疑似职业病病人在诊断、医学观察期间的费用，由用人单位承担。用人单位应当保障职业病病人依法享受国家规定的职业病待遇，安排职业病病人进行治疗、康复和定期检查。对不适宜继续从事原工作的职业病病人，用人单位应当调离原岗位，并妥善安置。对从事接触职业病危害作业的劳动者，用人单位应当给予适当岗位津贴。

职业病病人的诊疗、康复费用，伤残以及丧失劳动能力的职业病病人的社会保障，按照国家有关工伤保险的规定执行。

职业病病人除依法享有工伤保险外，依照有关民事法律，尚有获得赔偿的权利的，有权向用人单位提出赔偿要求。

劳动者被诊断患有职业病，但用人单位没有依法参加工伤保险的，其医疗和生活保障由该用人单位承担。

职业病病人变动工作单位，其依法享有的待遇不变。

用人单位在发生分立、合并、解散、破产等情形时，应当对从事接触职业病危害的作业的劳动者进行健康检查，并按照国家有关规定妥善安置职业病病人。

用人单位已经不存在或者无法确认劳动关系的职业病病人，可以向地方人民政府民政部门申请医疗救助和生活等方面的救助。地方各级人民政府应当根据本地区的实际情况，采取其他措施，使前款规定的职业病病人获得医疗救治。

1.2.5 监督检查

职业卫生监督执法人员依法执行职务时,应当出示监督执法证件。职业卫生监督执法人员应当忠于职守,秉公执法,严格遵守执法规范;涉及用人单位秘密的,应当为其保密。发生职业病危害事故或者有证据证明危害状态可能导致职业病危害事故发生时,安全生产监督管理部门可以采取下列临时控制措施:

(1) 责令暂停导致职业病危害事故的作业;
(2) 封存造成职业病危害事故或者可能导致职业病危害事故发生的材料和设备;
(3) 组织控制职业病危害事故现场。

在职业病危害事故或者危害状态得到有效控制后,安全生产监督管理部门应当及时解除控制措施。

职业卫生监督执法人员依法执行职务时,被检查单位应当接受检查并予以支持配合,不得拒绝和阻碍。

建设单位违反规定,有下列行为之一的,由安全生产监督管理部门和卫生行政部门依据职责分工给予警告,责令限期改正;逾期不改正的,处十万元以上五十万元以下的罚款;情节严重的,责令停止产生职业病危害的作业,或者提请有关人民政府按照国务院规定的权限责令停建、关闭:

(1) 未按照规定进行职业病危害预评价的;
(2) 医疗机构可能产生放射性职业病危害的建设项目未按照规定提交放射性职业病危害预评价报告,或者放射性职业病危害预评价报告未经卫生行政部门审核同意,开工建设的;
(3) 建设项目的职业病防护设施未按照规定与主体工程同时设计、同时施工、同时投入生产和使用的;
(4) 建设项目的职业病防护设施设计不符合国家职业卫生标准和卫生要求,或者医疗机构放射性职业病危害严重的建设项目的防护设施设计未经卫生行政部门审查同意擅自施工的;
(5) 未按照规定对职业病防护设施进行职业病危害控制效果评价的;
(6) 建设项目竣工投入生产和使用前,职业病防护设施未按照规定验收合格的。

违反规定,有下列行为之一的,由安全生产监督管理部门给予警告,责令限期改正;逾期不改正的,处十万元以下的罚款:

(1) 工作场所职业病危害因素检测、评价结果没有存档、上报、公布的;
(2) 未采取本法第二十一条规定的职业病防治管理措施的;
(3) 未按照规定公布有关职业病防治的规章制度、操作规程、职业病危害事故应急救援措施的;
(4) 未按照规定组织劳动者进行职业卫生培训,或者未对劳动者个人职业病防护采取指导、督促措施的;
(5) 国内首次使用或者首次进口与职业病危害有关的化学材料,未按照规定报送毒性鉴定资料以及经有关部门登记注册或者批准进口的文件的。

用人单位违反规定，有下列行为之一的，由安全生产监督管理部门责令限期改正，给予警告，可以并处五万元以上十万元以下的罚款：

（1）未按照规定及时、如实向安全生产监督管理部门申报产生职业病危害的项目的；
（2）未实施由专人负责的职业病危害因素日常监测，或者监测系统不能正常监测的；
（3）订立或者变更劳动合同时，未告知劳动者职业病危害真实情况的；
（4）未按照规定组织职业健康检查、建立职业健康监护档案或者未将检查结果书面告知劳动者的；
（5）未依照本法规定在劳动者离开用人单位时提供职业健康监护档案复印件的。

用人单位违反规定，有下列行为之一的，由安全生产监督管理部门给予警告，责令限期改正，逾期不改正的，处五万元以上二十万元以下的罚款；情节严重的，责令停止产生职业病危害的作业，或者提请有关人民政府按照国务院规定的权限责令关闭：

（1）工作场所职业病危害因素的强度或者浓度超过国家职业卫生标准的；
（2）未提供职业病防护设施和个人使用的职业病防护用品，或者提供的职业病防护设施和个人使用的职业病防护用品不符合国家职业卫生标准和卫生要求的；
（3）对职业病防护设备、应急救援设施和个人使用的职业病防护用品未按照规定进行维护、检修、检测，或者不能保持正常运行、使用状态的；
（4）未按照规定对工作场所职业病危害因素进行检测、评价的；
（5）工作场所职业病危害因素经治理仍然达不到国家职业卫生标准和卫生要求时，未停止存在职业病危害因素的作业的；
（6）未按照规定安排职业病病人、疑似职业病病人进行诊治的；
（7）发生或者可能发生急性职业病危害事故时，未立即采取应急救援和控制措施或者未按照规定及时报告的；
（8）未按照规定在产生严重职业病危害的作业岗位醒目位置设置警示标识和中文警示说明的；
（9）拒绝职业卫生监督管理部门监督检查的；
（10）隐瞒、伪造、篡改、毁损职业健康监护档案、工作场所职业病危害因素检测评价结果等相关资料，或者拒不提供职业病诊断、鉴定所需资料的；
（11）未按照规定承担职业病诊断、鉴定费用和职业病病人的医疗、生活保障费用的。

第3节　工伤保险条例

《工伤保险条例》是为了保障因工作遭受事故伤害或者患职业病的职工获得医疗救治和经济补偿，促进工伤预防和职业康复，分散用人单位的工伤风险而制定的法律条例，于2004年1月1日起施行。自施行以来，对于及时救治和补偿受伤职工，保障工伤职工的合法权益，分散用人单位的工伤风险，发挥了重要作用。随着我国经济社会的发展，条例在实施过程中出现了一些新情况、新问题，为了解决出现的问题，人力资源和社会保障部在认真总结条例实施经验的基础上，于2009年7月起草了《工伤保险条例修正案（送审稿）》，报请国务院审议。《国务院关于修改〈工伤保险条例〉的决定》已经2010年12月8日通过，自2011年1月1日起施行。

1.3.1 基本原则

中华人民共和国境内的企业、事业单位、社会团体、民办非企业单位、基金会、律师事务所、会计师事务所等组织和有雇工的个体工商户（以下称用人单位）应当依照规定参加工伤保险，为本单位全部职工或者雇工（以下称职工）缴纳工伤保险费。

中华人民共和国境内的企业、事业单位、社会团体、民办非企业单位、基金会、律师事务所、会计师事务所等组织的职工和个体工商户的雇工，均有依照规定享受工伤保险待遇的权利。

工伤保险费的征缴按照《社会保险费征缴暂行条例》关于基本养老保险费、基本医疗保险费、失业保险费的征缴规定执行。

用人单位应当将参加工伤保险的有关情况在本单位内公示。用人单位和职工应当遵守有关安全生产和职业病防治的法律法规，执行安全卫生规程和标准，预防工伤事故发生，避免和减少职业病危害。职工发生工伤时，用人单位应当采取措施使工伤职工得到及时救治。

工资总额，是指用人单位直接支付给本单位全部职工的劳动报酬总额。本人工资，是指工伤职工因工作遭受事故伤害或者患职业病前12个月平均月缴费工资。本人工资高于统筹地区职工平均工资300%的，按照统筹地区职工平均工资的300%计算；本人工资低于统筹地区职工平均工资60%的，按照统筹地区职工平均工资的60%计算。

1.3.2 工伤保险基金

工伤保险基金由用人单位缴纳的工伤保险费、工伤保险基金的利息和依法纳入工伤保险基金的其他资金构成。

工伤保险费根据以支定收、收支平衡的原则，确定费率。

国家根据不同行业的工伤风险程度确定行业的差别费率，并根据工伤保险费使用、工伤发生率等情况在每个行业内确定若干费率档次。行业差别费率及行业内费率档次由国务院社会保险行政部门制定，报国务院批准后公布施行。

国务院社会保险行政部门应当定期了解全国各统筹地区工伤保险基金收支情况，及时提出调整行业差别费率及行业内费率档次的方案，报国务院批准后公布施行。

用人单位应当按时缴纳工伤保险费。职工个人不缴纳工伤保险费。用人单位缴纳工伤保险费的数额为本单位职工工资总额乘以单位缴费费率之积。对难以按照工资总额缴纳工伤保险费的行业，其缴纳工伤保险费的具体方式，由国务院社会保险行政部门规定。

工伤保险基金存入社会保障基金财政专户，用于本条例规定的工伤保险待遇，劳动能力鉴定，工伤预防的宣传、培训等费用，以及法律、法规规定的用于工伤保险的其他费用的支付。

工伤预防费用的提取比例、使用和管理的具体办法，由国务院社会保险行政部门会同国务院财政、卫生行政、安全生产监督管理等部门规定。任何单位或者个人不得将工伤保险基金用于投资运营、兴建或者改建办公场所、发放奖金，或者挪作其他用途。

工伤保险基金应当留有一定比例的储备金，用于统筹地区重大事故的工伤保险待遇支付；储备金不足支付的，由统筹地区的人民政府垫付。储备金占基金总额的具体比例和储备金的使用办法，由省、自治区、直辖市人民政府规定。

1.3.3 工伤认定

职工有下列情形之一的，应当认定为工伤：

（1）在工作时间和工作场所内，因工作原因受到事故伤害的；

（2）工作时间前后在工作场所内，从事与工作有关的预备性或者收尾性工作受到事故伤害的；

（3）在工作时间和工作场所内，因履行工作职责受到暴力等意外伤害的；

（4）患职业病的；

（5）因工外出期间，由于工作原因受到伤害或者发生事故下落不明的；

（6）在上下班途中，受到非本人主要责任的交通事故或者城市轨道交通、客运轮渡、火车事故伤害的；

（7）法律、行政法规规定应当认定为工伤的其他情形。

职工有下列情形之一的，视同工伤：

（1）在工作时间和工作岗位，突发疾病死亡或者在 48 小时之内经抢救无效死亡的；

（2）在抢险救灾等维护国家利益、公共利益活动中受到伤害的；

（3）职工原在军队服役，因战、因公负伤致残，已取得革命伤残军人证，到用人单位后旧伤复发的。

职工有上述第（1）项、第（2）项情形的，按照有关规定享受工伤保险待遇；职工有上述第（3）项情形的，按照本条例的有关规定享受除一次性伤残补助金以外的工伤保险待遇。

职工有下列情形之一的，不得认定为工伤或者视同工伤：

（1）故意犯罪的；

（2）醉酒或者吸毒的；

（3）自残或者自杀的。

职工发生事故伤害或者按照职业病防治法规定被诊断、鉴定为职业病，所在单位应当自事故伤害发生之日或者被诊断、鉴定为职业病之日起 30 日内，向统筹地区社会保险行政部门提出工伤认定申请。遇有特殊情况，经报社会保险行政部门同意，申请时限可以适当延长。

用人单位未按前款规定提出工伤认定申请的，工伤职工或者其直系亲属、工会组织在事故伤害发生之日或者被诊断、鉴定为职业病之日起 1 年内，可以直接向用人单位所在地统筹地区劳动保障行政部门提出工伤认定申请。

按照规定应当由省级社会保险行政部门进行工伤认定的事项，根据属地原则由用人单位所在地的设区的市级社会保险行政部门办理。

用人单位未在规定的时限内提交工伤认定申请，在此期间发生符合本条例规定的工伤待遇等有关费用由该用人单位负担。

提出工伤认定申请应当提交下列材料：

(1) 工伤认定申请表；
(2) 与用人单位存在劳动关系（包括事实劳动关系）的证明材料；
(3) 医疗诊断证明或者职业病诊断证明书（或者职业病诊断鉴定书）。

工伤认定申请表应当包括事故发生的时间、地点、原因以及职工伤害程度等基本情况。工伤认定申请人提供材料不完整的，社会保险行政部门应当一次性书面告知工伤认定申请人需要补正的全部材料。申请人按照书面告知要求补正材料后，社会保险行政部门应当受理。

社会保险行政部门受理工伤认定申请后，根据审核需要可以对事故伤害进行调查核实，用人单位、职工、工会组织、医疗机构以及有关部门应当予以协助。职业病诊断和诊断争议的鉴定，依照职业病防治法的有关规定执行。对依法取得职业病诊断证明书或者职业病诊断鉴定书的，社会保险行政部门不再进行调查核实。

职工或者其近亲属认为是工伤，用人单位不认为是工伤的，由用人单位承担举证责任。

社会保险行政部门应当自受理工伤认定申请之日起 60 日内作出工伤认定的决定，并书面通知申请工伤认定的职工或者其近亲属和该职工所在单位。

社会保险行政部门对受理的事实清楚、权利义务明确的工伤认定申请，应当在 15 日内作出工伤认定的决定。

作出工伤认定决定需要以司法机关或者有关行政主管部门的结论为依据的，在司法机关或者有关行政主管部门尚未作出结论期间，作出工伤认定决定的时限中止。

社会保险行政部门工作人员与工伤认定申请人有利害关系的，应当回避。

1.3.4 劳动能力鉴定

职工发生工伤，经治疗伤情相对稳定后存在残疾、影响劳动能力的，应当进行劳动能力鉴定。劳动能力鉴定是指劳动功能障碍程度和生活自理障碍程度的等级鉴定。

劳动功能障碍分为十个伤残等级，最重的为一级，最轻的为十级。生活自理障碍分为三个等级：生活完全不能自理、生活大部分不能自理和生活部分不能自理。

劳动能力鉴定标准由国务院社会保险行政部门会同国务院卫生行政部门等部门制定。劳动能力鉴定由用人单位、工伤职工或者其近亲属向设区的市级劳动能力鉴定委员会提出申请，并提供工伤认定决定和职工工伤医疗的有关资料。

省、自治区、直辖市劳动能力鉴定委员会和设区的市级劳动能力鉴定委员会分别由省、自治区、直辖市和设区的市级社会保险行政部门、卫生行政部门、工会组织、经办机构代表以及用人单位代表组成。劳动能力鉴定委员会建立医疗卫生专家库。列入专家库的医疗卫生专业技术人员应当具备下列条件：

(1) 具有医疗卫生高级专业技术职务任职资格；
(2) 掌握劳动能力鉴定的相关知识；
(3) 具有良好的职业品德。

设区的市级劳动能力鉴定委员会收到劳动能力鉴定申请后，应当从其建立的医疗卫生专家库中随机抽取3名或者5名相关专家组成专家组，由专家组提出鉴定意见。设区的市级劳动能力鉴定委员会根据专家组的鉴定意见作出工伤职工劳动能力鉴定结论；必要时，可以委托具备资格的医疗机构协助进行有关的诊断。

设区的市级劳动能力鉴定委员会应当自收到劳动能力鉴定申请之日起60日内作出劳动能力鉴定结论，必要时，作出劳动能力鉴定结论的期限可以延长30日。劳动能力鉴定结论应当及时送达申请鉴定的单位和个人。

申请鉴定的单位或者个人对设区的市级劳动能力鉴定委员会作出的鉴定结论不服的，可以在收到该鉴定结论之日起15日内向省、自治区、直辖市劳动能力鉴定委员会提出再次鉴定申请。省、自治区、直辖市劳动能力鉴定委员会作出的劳动能力鉴定结论为最终结论。

劳动能力鉴定工作应当客观、公正。劳动能力鉴定委员会组成人员或者参加鉴定的专家与当事人有利害关系的，应当回避。

自劳动能力鉴定结论作出之日起1年后，工伤职工或者其近亲属、所在单位或者经办机构认为伤残情况发生变化的，可以申请劳动能力复查鉴定。

1.3.5 工伤保险待遇

职工因工作遭受事故伤害或者患职业病进行治疗，享受工伤医疗待遇。

职工治疗工伤应当在签订服务协议的医疗机构就医，情况紧急时可以先到就近的医疗机构急救。治疗工伤所需费用符合工伤保险诊疗项目目录、工伤保险药品目录、工伤保险住院服务标准的，从工伤保险基金支付。工伤保险诊疗项目目录、工伤保险药品目录、工伤保险住院服务标准，由国务院社会保险行政部门会同国务院卫生行政部门、食品药品监督管理部门等部门规定。职工住院治疗工伤的伙食补助费，以及经医疗机构出具证明，报经办机构同意，工伤职工到统筹地区以外就医所需的交通、食宿费用从工伤保险基金支付，基金支付的具体标准由统筹地区人民政府规定。工伤职工治疗非工伤引发的疾病，不享受工伤医疗待遇，按照基本医疗保险办法处理。工伤职工到签订服务协议的医疗机构进行工伤康复的费用，符合规定的，从工伤保险基金支付。

社会保险行政部门作出认定为工伤的决定后发生行政复议、行政诉讼的，行政复议和行政诉讼期间不停止支付工伤职工治疗工伤的医疗费用。

工伤职工因日常生活或者就业需要，经劳动能力鉴定委员会确认，可以安装假肢、矫形器、假眼、假牙和配置轮椅等辅助器具，所需费用按照国家规定的标准从工伤保险基金支付。

职工因工作遭受事故伤害或者患职业病需要暂停工作接受工伤医疗的，在停工留薪期内，原工资福利待遇不变，由所在单位按月支付。停工留薪期一般不超过12个月。伤情严重或者情况特殊，经设区的市级劳动能力鉴定委员会确认，可以适当延长，但延长不得超过12个月。工伤职工评定伤残等级后，停发原待遇，按照本章的有关规定享受伤残待遇。工伤职工在停工留薪期满后仍需治疗的，继续享受工伤医疗待遇。

生活不能自理的工伤职工在停工留薪期需要护理的，由所在单位负责。

工伤职工已经评定伤残等级并经劳动能力鉴定委员会确认需要生活护理的，从工伤保险基金按月支付生活护理费。生活护理费按照生活完全不能自理、生活大部分不能自理或者生活部分不能自理3个不同等级支付，其标准分别为统筹地区上年度职工月平均工资的50%、40%或者30%。

职工因工致残被鉴定为一级至四级伤残的，保留劳动关系，退出工作岗位，享受以下待遇：

（1）从工伤保险基金按伤残等级支付一次性伤残补助金，标准为：一级伤残为27个月的本人工资，二级伤残为25个月的本人工资，三级伤残为23个月的本人工资，四级伤残为21个月的本人工资；

（2）从工伤保险基金按月支付伤残津贴，标准为：一级伤残为本人工资的90%，二级伤残为本人工资的85%，三级伤残为本人工资的80%，四级伤残为本人工资的75%。伤残津贴实际金额低于当地最低工资标准的，由工伤保险基金补足差额；

（3）工伤职工达到退休年龄并办理退休手续后，停发伤残津贴，按照国家规定享受基本养老保险待遇，基本养老保险待遇低于伤残津贴的由工伤保险基金补足差额。

职工因工致残被鉴定为一级至四级伤残的，由用人单位和职工个人以伤残津贴为基数，缴纳基本医疗保险费。

职工因工致残被鉴定为五级、六级伤残的，享受以下待遇：

（1）从工伤保险基金按伤残等级支付一次性伤残补助金，标准为：五级伤残为18个月的本人工资，六级伤残为16个月的本人工资；

（2）保留与用人单位的劳动关系，由用人单位安排适当工作。难以安排工作的，由用人单位按月发给伤残津贴，标准为：五级伤残为本人工资的70%，六级伤残为本人工资的60%，并由用人单位按照规定为其缴纳应缴纳的各项社会保险费。伤残津贴实际金额低于当地最低工资标准的，由用人单位补足差额。

经工伤职工本人提出，该职工可以与用人单位解除或者终止劳动关系，由工伤保险基金支付一次性工伤医疗补助金，由用人单位支付一次性伤残就业补助金。一次性工伤医疗补助金和一次性伤残就业补助金的具体标准由省、自治区、直辖市人民政府规定。

职工因工致残被鉴定为七级至十级伤残的，享受以下待遇：

（1）从工伤保险基金按伤残等级支付一次性伤残补助金，标准为：七级伤残为13个月的本人工资，八级伤残为11个月的本人工资，九级伤残为9个月的本人工资，十级伤残为7个月的本人工资；

（2）劳动、聘用合同期满终止，或者职工本人提出解除劳动、聘用合同的，由工伤保险基金支付一次性工伤医疗补助金，由用人单位支付一次性伤残就业补助金。一次性工伤医疗补助金和一次性伤残就业补助金的具体标准由省、自治区、直辖市人民政府规定。

工伤职工工伤复发，确认需要治疗的，享受规定的工伤待遇。

职工因工死亡，其近亲属按照下列规定从工伤保险基金领取丧葬补助金、供养亲属抚恤金和一次性工亡补助金：

(1) 丧葬补助金为6个月的统筹地区上年度职工月平均工资；

(2) 供养亲属抚恤金按照职工本人工资的一定比例发给由因工死亡职工生前提供主要生活来源、无劳动能力的亲属；标准为：配偶每月40%，其他亲属每人每月30%，孤寡老人或者孤儿每人每月在上述标准的基础上增加10%；核定的各供养亲属的抚恤金之和不应高于因工死亡职工生前的工资；供养亲属的具体范围由国务院社会保险行政部门规定；

(3) 一次性工亡补助金标准为上一年度全国城镇居民人均可支配收入的20倍。

伤残职工在停工留薪期内因工伤导致死亡的，其近亲属享受本条第一款规定的待遇。

一级至四级伤残职工在停工留薪期满后死亡的，其近亲属可以享受规定的待遇。

伤残津贴、供养亲属抚恤金、生活护理费由统筹地区社会保险行政部门根据职工平均工资和生活费用变化等情况适时调整。调整办法由省、自治区、直辖市人民政府规定。

职工因工外出期间发生事故或者在抢险救灾中下落不明的，从事故发生当月起3个月内照发工资，从第4个月起停发工资，由工伤保险基金向其供养亲属按月支付供养亲属抚恤金。生活有困难的，可以预支一次性工亡补助金的50%。职工被人民法院宣告死亡的，按照职工因工死亡的规定处理。

工伤职工有下列情形之一的，停止享受工伤保险待遇：

(1) 丧失享受待遇条件的；

(2) 拒不接受劳动能力鉴定的；

(3) 拒绝治疗的。

用人单位分立、合并、转让的，承继单位应当承担原用人单位的工伤保险责任；原用人单位已经参加工伤保险的，承继单位应当到当地经办机构办理工伤保险变更登记。

用人单位实行承包经营的，工伤保险责任由职工劳动关系所在单位承担。

职工被借调期间受到工伤事故伤害的，由原用人单位承担工伤保险责任，但原用人单位与借调单位可以约定补偿办法。企业破产的，在破产清算时依法拨付应当由单位支付的工伤保险待遇费用。

职工被派遣出境工作，依据前往国家或者地区的法律应当参加当地工伤保险的，参加当地工伤保险，其国内工伤保险关系中止；不能参加当地工伤保险的，其国内工伤保险关系不中止。职工再次发生工伤，根据规定应当享受伤残津贴的，按照新认定的伤残等级享受伤残津贴待遇。

1.3.6 监督管理

有下列情形之一的，有关单位或者个人可以依法申请行政复议，也可以依法向人民法院提起行政诉讼：

（1）申请工伤认定的职工或者其近亲属、该职工所在单位对工伤认定申请不予受理的决定不服的；
（2）申请工伤认定的职工或者其近亲属、该职工所在单位对工伤认定结论不服的；
（3）用人单位对经办机构确定的单位缴费费率不服的；
（4）签订服务协议的医疗机构、辅助器具配置机构认为经办机构未履行有关协议或者规定的；
（5）工伤职工或者其近亲属对经办机构核定的工伤保险待遇有异议的。

法律责任：

社会保险行政部门工作人员有下列情形之一的，依法给予处分；情节严重，构成犯罪的，依法追究刑事责任：

（1）无正当理由不受理工伤认定申请，或者弄虚作假将不符合工伤条件的人员认定为工伤职工的；
（2）未妥善保管申请工伤认定的证据材料，致使有关证据灭失的；
（3）收受当事人财物的。

经办机构有下列行为之一的，由社会保险行政部门责令改正，对直接负责的主管人员和其他责任人员依法给予纪律处分；情节严重，构成犯罪的，依法追究刑事责任；造成当事人经济损失的，由经办机构依法承担赔偿责任：

（1）未按规定保存用人单位缴费和职工享受工伤保险待遇情况记录的；
（2）不按规定核定工伤保险待遇的；
（3）收受当事人财物的。

无营业执照或者未经依法登记、备案的单位以及被依法吊销营业执照或者撤销登记、备案的单位的职工受到事故伤害或者患职业病的，由该单位向伤残职工或者死亡职工的近亲属给予一次性赔偿，赔偿标准不得低于本条例规定的工伤保险待遇；用人单位不得使用童工，用人单位使用童工造成童工伤残、死亡的，由该单位向童工或者童工的近亲属给予一次性赔偿，赔偿标准不得低于本条例规定的工伤保险待遇。具体办法由国务院社会保险行政部门规定。

第4节 《职工带薪年休假条例》主要内容

机关、团体、企业、事业单位、民办非企业单位、有雇工的个体工商户等单位的职工连续工作1年以上的，享受带薪年休假（以下简称年休假）。单位应当保证职工享受年休假。职工在年休假期间享受与正常工作期间相同的工资收入。

职工累计工作已满1年不满10年的，年休假5天；已满10年不满20年的，年休假10天；已满20年的，年休假15天。

国家法定休假日、休息日不计入年休假的假期。

职工有下列情形之一的，不享受当年的年休假：

（1）职工依法享受寒暑假，其休假天数多于年休假天数的；
（2）职工请事假累计20天以上且单位按照规定不扣工资的；
（3）累计工作满1年不满10年的职工，请病假累计2个月以上的；
（4）累计工作满10年不满20年的职工，请病假累计3个月以上的；
（5）累计工作满20年以上的职工，请病假累计4个月以上的。

单位根据生产、工作的具体情况，并考虑职工本人意愿，统筹安排职工年休假。

年休假在1个年度内可以集中安排，也可以分段安排，一般不跨年度安排。单位因生产、工作特点确有必要跨年度安排职工年休假的，可以跨1个年度安排。

单位确因工作需要不能安排职工休年休假的，经职工本人同意，可以不安排职工休年休假。对职工应休未休的年休假天数，单位应当按照该职工日工资收入的300%支付年休假工资报酬。

县级以上地方人民政府人事部门、劳动保障部门应当依据职权对单位执行情况主动进行监督检查。工会组织依法维护职工的年休假权利。

单位不安排职工休年休假又不依照本条例规定给予年休假工资报酬的，由县级以上地方人民政府人事部门或者劳动保障部门依据职权责令限期改正；对逾期不改正的，除责令该单位支付年休假工资报酬外，单位还应当按照年休假工资报酬的数额向职工加付赔偿金；对拒不支付年休假工资报酬、赔偿金的，属于公务员和参照公务员法管理的人员所在单位的，对直接负责的主管人员以及其他直接责任人员依法给予处分；属于其他单位的，由劳动保障部门、人事部门或者职工申请人民法院强制执行。

第5节　关于推行终身职业技能培训制度的意见（国发〔2018〕11号）

职业技能培训是全面提升劳动者就业创业能力、缓解技能人才短缺结构性矛盾、提高就业质量的根本举措，是适应经济高质量发展、培育经济发展新动能、推进供给侧结构性改革的内在要求，对推动大众创业万众创新、推进制造强国建设、提高全要素生产率、推动经济迈上中高端具有重要意义。为全面提高劳动者素质，促进就业创业和经济社会发展，根据党的十九大精神和"十三五"规划纲要相关要求，现就推行终身职业技能培训制度提出以下意见。

1.5.1　总体要求

指导思想。以习近平新时代中国特色社会主义思想为指导，全面深入贯彻党的十九大和十九届二中、三中全会精神，认真落实党中央、国务院决策部署，统筹推进"五位一体"总体布局和协调推进"四个全面"战略布局，坚持以人民为中心的发展思想，牢固树立新发展理念，深入实施就业优先战略和人才强国战略，适应经济转型升级、制造强国建设和劳动者就业创业需要，深化人力资源供给侧结构性改革，推行终身职业技能培训制度，大规模开展职业技能培训，着力提升培训的针对性和有效性，建设知识型、技能型、创新型劳动者大军，为全面建成社会主义现代化强国、实现中华民族伟大复兴的中国梦提供强大支撑。

基本原则。促进普惠均等。针对城乡全体劳动者，推进基本职业技能培训服务普惠性、均等化，注重服务终身，保障人人享有基本职业技能培训服务，全面提升培训质量、培训效益和群众满意度。

坚持需求导向。坚持以促进就业创业为目标，瞄准就业创业和经济社会发展需求确定培训内容，加强对就业创业重点群体的培训，提高培训后的就业创业成功率，着力缓解劳动者素质结构与经济社会发展需求不相适应、结构性就业矛盾突出的问题。

创新体制机制。推进职业技能培训市场化、社会化改革，充分发挥企业主体作用，鼓励支持社会力量参与，建立培训资源优化配置、培训载体多元发展、劳动者按需选择、政府加强监管服务的体制机制。

坚持统筹推进。 加强职业技能开发和职业素质培养，全面做好技能人才培养、评价、选拔、使用、激励等工作，着力加强高技能人才队伍建设，形成有利于技能人才发展的制度体系和社会环境，促进技能振兴与发展。

目标任务。 建立并推行覆盖城乡全体劳动者、贯穿劳动者学习工作终身、适应就业创业和人才成长需要以及经济社会发展需求的终身职业技能培训制度，实现培训对象普惠化、培训资源市场化、培训载体多元化、培训方式多样化、培训管理规范化，大规模开展高质量的职业技能培训，力争2020年后基本满足劳动者培训需要，努力培养造就规模宏大的高技能人才队伍和数以亿计的高素质劳动者。

1.5.2 构建终身职业技能培训体系

完善终身职业技能培训政策和组织实施体系。 面向城乡全体劳动者，完善从劳动预备开始，到劳动者实现就业创业并贯穿学习和职业生涯全过程的终身职业技能培训政策。以政府补贴培训、企业自主培训、市场化培训为主要供给，以公共实训机构、职业院校（含技工院校，下同）、职业培训机构和行业企业为主要载体，以就业技能培训、岗位技能提升培训和创业创新培训为主要形式，构建资源充足、布局合理、结构优化、载体多元、方式科学的培训组织实施体系。（人力资源社会保障部、教育部等按职责分工负责。列第一位者为牵头单位，下同）

围绕就业创业重点群体，广泛开展就业技能培训。 持续开展高校毕业生技能就业行动，增强高校毕业生适应产业发展、岗位需求和基层就业工作能力。深入实施农民工职业技能提升计划——"春潮行动"，将农村转移就业人员和新生代农民工培养成为高素质技能劳动者。配合化解过剩产能职工安置工作，实施失业人员和转岗职工特别职业培训计划。实施新型职业农民培育工程和农村实用人才培训计划，全面建立职业农民制度。对城乡未继续升学的初、高中毕业生开展劳动预备制培训。对即将退役的军人开展退役前技能储备培训和职业指导，对退役军人开展就业技能培训。面向符合条件的建档立卡贫困家庭、农村"低保"家庭、困难职工家庭和残疾人，开展技能脱贫攻坚行动，实施"雨露计划"、技能脱贫千校行动、残疾人职业技能提升计划。对服刑人员、强制隔离戒毒人员，开展以顺利回归社会为目的的就业技能培训。（人力资源社会保障部、教育部、工业和信息化部、民政部、司法部、住房城乡建设部、农业农村部、退役军人事务部、国务院国资委、国务院扶贫办、全国总工会、共青团中央、全国妇联、中国残联等按职责分工负责）

充分发挥企业主体作用，全面加强企业职工岗位技能提升培训。 将企业职工培训作为职业技能培训工作的重点，明确企业培训主体地位，完善激励政策，支持企业大规模开展职业技能培训，鼓励规模以上企业建立职业培训机构开展职工培训，并积极面向中小企业和社会承担培训任务，降低企业兴办职业培训机构成本，提高企业积极性。对接国民经济和社会发展中长期规划，适应高质量发展要求，推动企业健全职工培训制度，制定职工培训规划，采取岗前培训、学徒培训、在岗培训、脱产培训、业务研修、岗位练兵、技术比武、技能竞赛等方式，大幅提升职工技能水平。全面推行企业新型学徒制度，对企业新招用和转岗的技能岗位人员，通过校企合作方式，进行系统职业技能培训。发挥失业保险促进就业作用，支持符合条件的参保职工提升职业技能。健全校企合作制度，探索推进产教融合试点。（人力资源社会保障部、教育部、工业和信息化部、住房城乡建设部、国务院国资委、全国总工会等按职责分工负责）

适应产业转型升级需要，着力加强高技能人才培训。面向经济社会发展急需紧缺职业（工种），大力开展高技能人才培训，增加高技能人才供给。深入实施国家高技能人才振兴计划，紧密结合战略性新兴产业、先进制造业、现代服务业等发展需求，开展技师、高级技师培训。对重点关键岗位的高技能人才，通过开展新知识、新技术、新工艺等方面培训以及技术研修攻关等方式，进一步提高他们的专业知识水平、解决实际问题能力和创新创造能力。支持高技能领军人才更多参与国家科研项目。发挥高技能领军人才在带徒传技、技能推广等方面的重要作用。（人力资源社会保障部、教育部、工业和信息化部、住房城乡建设部、国务院国资委、全国总工会等按职责分工负责）

大力推进创业创新培训。组织有创业意愿和培训需求的人员参加创业创新培训。以高等学校和职业院校毕业生、科技人员、留学回国人员、退役军人、农村转移就业和返乡下乡创业人员、失业人员和转岗职工等群体为重点，依托高等学校、职业院校、职业培训机构、创业培训（实训）中心、创业孵化基地、众创空间、网络平台等，开展创业意识教育、创新素质培养、创业项目指导、开业指导、企业经营管理等培训，提升创业创新能力。健全以政策支持、项目评定、孵化实训、科技金融、创业服务为主要内容的创业创新支持体系，将高等学校、职业院校学生在校期间开展的"试创业"实践活动纳入政策支持范围。发挥技能大师工作室、劳模和职工创新工作室作用，开展集智创新、技术攻关、技能研修、技艺传承等群众性技术创新活动，做好创新成果总结命名推广工作，加大对劳动者创业创新的扶持力度。（人力资源社会保障部、教育部、科技部、工业和信息化部、住房城乡建设部、农业农村部、退役军人事务部、国务院国资委、国务院扶贫办、全国总工会、共青团中央、全国妇联、中国残联等按职责分工负责）

强化工匠精神和职业素质培育。大力弘扬和培育工匠精神，坚持工学结合、知行合一、德技并修，完善激励机制，增强劳动者对职业理念、职业责任和职业使命的认识与理解，提高劳动者践行工匠精神的自觉性和主动性。广泛开展"大国工匠进校园"活动。加强职业素质培育，将职业道德、质量意识、法律意识、安全环保和健康卫生等要求贯穿职业培训全过程。（人力资源社会保障部、教育部、科技部、工业和信息化部、住房城乡建设部、国务院国资委、国家市场监督管理总局、全国总工会、共青团中央等按职责分工负责）

1.5.3 深化职业技能培训体制机制改革

建立职业技能培训市场化社会化发展机制。加大政府、企业、社会等各类培训资源优化整合力度，提高培训供给能力。广泛发动社会力量，大力发展民办职业技能培训。鼓励企业建设培训中心、职业院校、企业大学，开展职业训练试点工作，为社会培育更多高技能人才。鼓励支持社会组织积极参与行业人才需求发布、就业状况分析、培训指导等工作。政府补贴的职业技能培训项目全部向具备资质的职业院校和培训机构开放。（人力资源社会保障部、教育部、工业和信息化部、民政部、国家市场监督管理总局、全国总工会等按职责分工负责）

建立技能人才多元评价机制。健全以职业能力为导向、以工作业绩为重点、注重工匠精神培育和职业道德养成的技能人才评价体系。建立与国家职业资格制度相衔接、与终身职业技能培训制度相适应的职业技能等级制度。完善职业资格评价、职业技能等级认定、专项职业能力考核等多元化评价方式，促进评价结果有机衔接。健全技能人才评价管理服务体系，加强对评价质量的监管。建立以企业岗位练兵和技术比武为基础、以国家和行业竞赛为主体、国内竞赛与国际竞赛相衔接的职业技能竞赛体系，大力组织开展职业技能竞赛活动，积极参与世界技能大赛，拓展技能人才评价选拔渠道。（人力资源社会保障部、教育部、工业和信息化部、住房城乡建设部、国务院国资委、全国总工会、共青团中央、中国残联等按职责分工负责）

建立职业技能培训质量评估监管机制。对职业技能培训公共服务项目实施目录清单管理，制定政府补贴培训目录、培训机构目录、鉴定评价机构目录、职业资格目录，及时向社会公开并实行动态调整。建立以培训合格率、就业创业成功率为重点的培训绩效评估体系，对培训机构、培训过程进行全方位监管。结合国家"金保工程"二期，建立基于互联网的职业技能培训公共服务平台，提升技能培训和鉴定评价信息化水平。探索建立劳动者职业技能培训电子档案，实现培训信息与就业、社会保障信息联通共享。（人力资源社会保障部、财政部等按职责分工负责）

建立技能提升多渠道激励机制。支持劳动者凭技能提升待遇，建立健全技能人才培养、评价、使用、待遇相统一的激励机制。指导企业不唯学历和资历，建立基于岗位价值、能力素质、业绩贡献的工资分配机制，强化技能价值激励导向。制定企业技术工人技能要素和创新成果按贡献参与分配的办法，推动技术工人享受促进科技成果转化的有关政策，鼓励企业对高技能人才实行技术创新成果入股、岗位分红和股权期权等激励方式，鼓励凭技能创造财富、增加收入。落实技能人才积分落户、岗位聘任、职务职级晋升、参与职称评审、学习进修等政策。支持用人单位对聘用的高级工、技师、高级技师，比照相应层级工程技术人员确定其待遇。完善以国家奖励为导向、用人单位奖励为主体、社会奖励为补充的技能人才表彰奖励制度。（人力资源社会保障部、教育部、工业和信息化部、公安部、国务院国资委、国家公务员局等按职责分工负责）

1.5.4 提升职业技能培训基础能力

加强职业技能培训服务能力建设。推进职业技能培训公共服务体系建设，为劳动者提供市场供求信息咨询服务，引导培训机构按市场和产业发展需求设立培训项目，引导劳动者按需自主选择培训项目。推进培训内容和方式创新，鼓励开展新产业、新技术、新业态培训，大力推广"互联网＋职业培训"模式，推动云计算、大数据、移动智能终端等信息网络技术在职业技能培训领域的应用，提高培训便利度和可及性。（人力资源社会保障部、国家发展改革委等按职责分工负责）

加强职业技能培训教学资源建设。紧跟新技术、新职业发展变化，建立职业分类动态调整机制，加快职业标准开发工作。建立国家基本职业培训包制度，促进职业技能培训规范化发展。支持弹性学习，建立学习成果积累和转换制度，促进职业技能培训与学历教育沟通衔接。实行专兼职教师制度，完善教师在职培训和企业实践制度，职业院校和培训机构可根据需要和条件自主招用企业技能人才任教。大力开展校长等管理人员培训和师资培训。发挥院校、行业企业作用，加强职业技能培训教材开发，提高教材质量，规范教材使用。（人力资源社会保障部、教育部等按职责分工负责）

加强职业技能培训基础平台建设。推进高技能人才培训基地、技能大师工作室建设，建成一批高技能人才培养培训、技能交流传承基地。加强公共实训基地、职业农民培育基地和创业孵化基地建设，逐步形成覆盖全国的技能实训和创业实训网络。对接世界技能大赛标准，加强竞赛集训基地建设，提升我国职业技能竞赛整体水平和青年技能人才培养质量。积极参与走出去战略和"一带一路"建设中的技能合作与交流。（人力资源社会保障部、国家发展改革委、教育部、科技部、工业和信息化部、财政部、农业农村部、商务部、国务院国资委、国家国际发展合作署等按职责分工负责）

1.5.5 保障措施

加强组织领导。地方各级人民政府要按照党中央、国务院的总体要求，把推行终身职业技能培训制度作为推进供给侧结构性改革的重要任务，根据经济社会发展、促进就业和人才发展总体规划，制定中长期职业技能培训规划并大力组织实施，推进政策落实。要建立政府统一领导，人力资源社会保障部门统筹协调，相关部门各司其职、密切配合，有关人民团体和社会组织广泛参与的工作机制，不断加大职业技能培训工作力度。（人力资源社会保障部等部门、单位和各省级人民政府按职责分工负责）

做好公共财政保障。地方各级人民政府要加大投入力度，落实职业技能培训补贴政策，发挥好政府资金的引导和撬动作用。合理调整就业补助资金支出结构，保障培训补贴资金落实到位。加大对用于职业技能培训各项补贴资金的整合力度，提高使用效益。完善经费补贴拨付流程，简化程序，提高效率。要规范财政资金管理，依法加强对培训补贴资金的监督，防止骗取、挪用，保障资金安全和效益。有条件的地区可安排经费，对职业技能培训教材开发、新职业研究、职业技能标准开发、师资培训、职业技能竞赛、评选表彰等基础工作给予支持。（人力资源社会保障部、教育部、财政部、审计署等按职责分工负责）

多渠道筹集经费。加大职业技能培训经费保障，建立政府、企业、社会多元投入机制，通过就业补助资金、企业职工教育培训经费、社会捐助赞助、劳动者个人缴费等多种渠道筹集培训资金。通过公益性社会团体或者县级以上人民政府及其部门用于职业教育的捐赠，依照税法相关规定在税前扣除。鼓励社会捐助、赞助职业技能竞赛活动。（人力资源社会保障部、教育部、工业和信息化部、民政部、财政部、国务院国资委、税务总局、全国总工会等按职责分工负责）

进一步优化社会环境。加强职业技能培训政策宣传，创新宣传方式，提升社会影响力和公众知晓度。积极开展技能展示交流，组织开展好职业教育活动周、世界青年技能日、技能中国行等活动，宣传校企合作、技能竞赛、技艺传承等成果，提高职业技能培训吸引力。大力宣传优秀技能人才先进事迹，大力营造劳动光荣的社会风尚和精益求精的敬业风气。（人力资源社会保障部、教育部、全国总工会、共青团中央等按职责分工负责）

第6节 尘肺病防治条例

1.6.1 总则（节选）

尘肺病系指在生产活动中吸入粉尘而发生的肺组织纤维化为主的疾病。

地方各级人民政府要加强对尘肺病防治工作的领导。在制定本地区国民经济和社会发展计划时，要统筹安排尘肺病防治工作。企业、事业单位的主管部门应当根据国家卫生等有关标准，结合实际情况，制定所属企业的尘肺病防治规划，并督促其施行。乡镇企业主管部门，必须指定专人负责乡镇企业尘肺病的防治工作，建立监督检查制度，并指导乡镇企业对尘肺病的防治工作。企业、事业单位的负责人，对本单位的尘肺病防治工作负有直接责任，应采取有效措施使本单位的粉尘作业场所达到国家卫生标准。

1.6.2 防尘

凡有粉尘作业的企业、事业单位应采取综合防尘措施和无尘或低尘的新技术、新工艺、新设备，使作业场所的粉尘浓度不超过国家卫生标准。

尘肺病诊断标准由卫生行政部门制定，粉尘浓度卫生标准由卫生行政部门会同劳动等有关部门联合制定。

防尘设施的鉴定和定型制度，由劳动部门会同卫生行政部门制定。任何企业、事业单位除特殊情况外，未经上级主管部门批准，不得停止运行或者拆除防尘设施。

防尘经费应当纳入基本建设和技术改造经费计划，专款专用，不得挪用。

严禁任何企业、事业单位将粉尘作业转嫁、外包或以联营的形式给没有防尘设施的乡镇、街道企业或个体工商户。中、小学校各类校办的实习工厂或车间，禁止从事有粉尘的作业。

职工使用的防止粉尘危害的防护用品，必须符合国家的有关标准。企业、事业单位应当建立严格的管理制度，并教育职工按规定和要求使用。对初次从事粉尘作业的职工，由其所在单位进行防尘知识教育和考核，考试合格后方可从事粉尘作业。不满十八周岁的未成年人，禁止从事粉尘作业。

新建、改建、扩建、续建有粉尘作业的工程项目，防尘设施必须与主体工程同时设计、同时施工、同时投产。设计任务书，必须经当地卫生行政部门、劳动部门和工会组织审查同意后，方可施工。竣工验收，应由当地卫生行政部门、劳动部门和工会组织参加，凡不符合要求的，不得投产。

作业场所的粉尘浓度超过国家卫生标准，又未积极治理，严重影响职工安全健康时，职工有权拒绝操作。

1.6.3 监督和监测

卫生行政部门、劳动部门和工会组织分工协作，互相配合，对企业、事业单位的尘肺病防治工作进行监督。

卫生行政部门负责卫生标准的监测；劳动部门负责劳动卫生工程技术标准的监测。工会组织负责组织职工群众对本单位的尘肺病防治工作进行监督，并教育职工遵守操作规程与防尘制度。

凡有粉尘作业的企业、事业单位，必须定期测定作业场所的粉尘浓度。测尘结果必须向主管部门和当地卫生行政部门、劳动部门和工会组织报告，并定期向职工公布。

从事粉尘作业的单位必须建立测尘资料档案。

卫生行政部门和劳动部门，要对从事粉尘作业的企业、事业单位的测尘机构加强业务指导，并对测尘人员加强业务指导和技术培训。

1.6.4 健康管理

各企业、事业单位对新从事粉尘作业的职工，必须进行健康检查。对在职和离职的从事粉尘作业的职工，必须定期进行健康检查。检查的内容、期限和尘肺病诊断标准，按卫生行政部门有关职业病管理的规定执行。

各企业、事业单位必须贯彻执行职业病报告制度，按期向当地卫生行政部门、劳动部门、工会组织和本单位的主管部门报告职工尘肺病发生和死亡情况。

各企业、事业单位对已确诊为尘肺病的职工，必须调离粉尘作业岗位，并给予治疗或疗养。尘肺病患者的社会保险待遇，按国家有关规定办理。

1.6.5　奖励和处罚

对在尘肺病防治工作中做出显著成绩的单位和个人，由其上级主管部门给予奖励。

凡违反规定，有下列行为之一的，卫生行政部门和劳动部门，可视其情节轻重，给予警告、限期治理、罚款和停业整顿的处罚。但停业整顿的处罚，需经当地人民政府同意。

（1）作业场所粉尘浓度超过国家卫生标准，逾期不采取措施的；
（2）任意拆除防尘设施，致使粉尘危害严重的；
（3）挪用防尘措施经费的；
（4）工程设计和竣工验收未经卫生行政部门、劳动部门和工会组织审查同意，擅自施工、投产的；
（5）将粉尘作业转嫁、外包或以联营的形式给没有防尘设施的乡镇、街道企业或个体工商户的；
（6）不执行健康检查制度和测尘制度的；
（7）强令尘肺病患者继续从事粉尘作业的；
（8）假报测尘结果或尘肺病诊断结果的；
（9）安排未成年人从事粉尘作业的。

当事人对处罚不服的，可在接到处罚通知之日起十五日内，向作出处理的部门的上级机关申请复议。但是，对停业整顿的决定应当立即执行。上级机关应当在接到申请之日起三十日内作出答复。对答复不服的，可以在接到答复之日起十五日内，向人民法院起诉。

企业、事业单位负责人和监督、监测人员玩忽职守，致使公共财产、国家和人民利益遭受损失，情节轻微的，由其主管部门给予行政处分；造成重大损失，构成犯罪的，由司法机关依法追究直接责任人员的刑事责任。

第7节　关于做好建设行业职业技能鉴定工作的通知（建人〔2019〕5号）

为全面提升住房和城乡建设行业从业人员技能水平和职业道德水平，保障工程质量安全，促进住房和城乡建设行业健康发展，按照《中共中央办公厅 国务院办公厅印发〈关于分类推进人才评价机制改革的指导意见〉的通知》《国务院关于推行终身职业技能培训制度的意见》（国发〔2018〕11号）《人力资源社会保障部关于公布国家职业资格目录的通知》（人社部发〔2017〕68号）精神，现就做好住房和城乡建设行业职业技能鉴定工作进一步规定。

1.7.1　总体要求

按照行业技能人才"培养、评价、使用、激励、保障"相互衔接、系统推进的总体目标，做好住房和城乡建设行业从业人员职业技能培训、鉴定工作，为住房和城乡建设行业培育高素质产业工人队伍提供有力支撑。对从事《国家职业资格目录》中住房和城乡建设行业相关职业（工种）人员，按照国家技术技能人才评价政策要求和行业发展需要，开展职业技能鉴定工作。对《国家职业资格目录》以外从事住房和城乡建设行业相关职业（工种）人员，按照职业技能标准开展培训，推动建立技能人才多元化评价机制。职业技能鉴定坚持理论知识与实际操作相结合，分级分类开展评价。按照国务院关于"放管服"改革、职业资格清理规范的新要求，积极探索建立规范化、信息化、高效能的职业技能鉴定体系。

1.7.2 建立健全住房和城乡建设行业职业技能鉴定工作体系

（1）依据国务院职业资格清理规范和职业技能鉴定相关政策，住房和城乡建设部成立职业技能培训鉴定工作领导小组，负责住房和城乡建设行业职业技能培训鉴定的总体实施和监督管理，指导住房和城乡建设行业职业技能培训鉴定工作。

（2）住房和城乡建设部执业资格注册中心作为住房和城乡建设行业职业技能鉴定组织实施承接机构，按照人力资源社会保障部、住房和城乡建设部要求统筹管理行业职业技能鉴定工作；制定完善相关规章制度，建立维护职业技能鉴定管理信息系统，并与人力资源社会保障部职业技能鉴定信息系统对接；按照财政部、国家发展改革委等部门要求，配合做好住房和城乡建设行业职业技能鉴定相关收费立项等工作；加强职业资格证书归口管理，指导监督省级住房和城乡建设行业职业技能鉴定实施机构开展相关工作。

（3）省级住房和城乡建设主管部门要建立相应职业技能培训鉴定工作领导小组，负责本行政区域住房和城乡建设行业职业技能培训鉴定组织实施和监督管理，确定省级住房和城乡建设行业职业技能鉴定实施机构，制定配套实施细则。

省级住房和城乡建设行业职业技能鉴定实施机构要按照地方财政、物价等部门规定，办理开展职业技能鉴定工作所需必要手续。按照住房和城乡建设行业职业技能鉴定站点认定标准，做好本地区内拟从事职业技能鉴定工作的机构申报、认定工作。结合本地区实际，合理布局，依托大型企业、职业院校、培训机构等，发展一批职业技能鉴定站点。

各省级住房和城乡建设主管部门要建立住房和城乡建设行业职业技能鉴定站点和考评人员目录，实施动态管理和诚信评价。加大检查力度，对于质量不达标、整改不合格的职业技能鉴定站点和人员，采取公开信用信息、暂停相关工作直至清出目录清单等措施。

1.7.3 有序推进住房和城乡建设行业职业技能鉴定工作

（1）建立完善职业技能鉴定相关制度。住房和城乡建设部执业资格注册中心要根据职业技能鉴定有关要求，制定发布职业技能鉴定站点、考评员、督导员等相关标准和配套工作制度，加强考评员、督导员培训，建立全国统一的住房和城乡建设行业职业技能鉴定信息服务平台。大力推广"互联网＋政务"在职业技能鉴定领域的应用，为相关人员参加职业技能鉴定提供便利服务。各省级住房和城乡建设主管部门要制定推进职业技能鉴定工作实施方案，明确阶段性工作目标，推动工作扎实开展。

（2）积极争取相关经费和补贴。各省级住房和城乡建设主管部门要加强与人力资源社会保障、财政部门沟通协调，积极争取财政资金补助，按照相关要求申请职业技能培训、鉴定补贴，推动完善经费补贴流程，简化程序，提高效率。

（3）提升职业技能鉴定站点建设水平。鼓励依托技能交流传承基地、技能大师工作室等高技能人才培养基地，设立职业技能鉴定站点。加大资金、人才等方面投入，提高职业技能鉴定组织管理水平和鉴定质量，降低材料消耗等成本，探索符合行业特点的职业技能鉴定方式。

（4）发挥职业技能鉴定引领作用。大力弘扬工匠精神，通过职业资格评价等多种形式，畅通职业技能提升渠道。各级住房和城乡建设部门要加强与人力资源社会保障、教育等部门联系，形成工作合力，落实好中央和地方人才培养、人才激励政策，促进住房和城乡建设行业形成培育技能人才的良好环境，推动住房和城乡建设事业高质量发展。

（5）坚持试点先行。住房和城乡建设部将选取2~3个职业技能鉴定站点开展试点，各省（区、市）住房和城乡建设主管部门要按照本通知精神和相关文件要求，选取本地区1~2个职业技能鉴定站点开展试点。通过试点，总结形成可复制可推广经验，力争2019年第三季度在试点的基础上全面推开职业技能鉴定工作。2019年12月底前，住房和城乡建设部通报各地职业技能鉴定工作有关情况。

第8节 关于新生代农民工职业技能提升计划（人社部发〔2019〕5号）

为贯彻落实《新时期产业工人队伍建设改革方案》《乡村振兴战略规划（2018~2022年）》《关于推行终身职业技能培训制度的意见》等文件要求，帮助农民工特别是新生代农民工增加受教育培训机会，提高专业技能和胜任岗位能力，将其培养成为高素质技能劳动者和稳定就业的产业工人，人力资源社会保障部制定了本计划。

1.8.1 充分认识提升新生代农民工职业技能的重要意义

全国农民工总量约为2.9亿人，1980年及以后出生的新生代农民工逐渐成为农民工主体，已占农民工总量的一半以上，是社会主义现代化建设的重要力量。党的十九大以来，以新生代农民工为重点的农民工职业技能培训工作取得积极成效，但面对新的经济社会发展需求、就业形势需要和庞大的农民工总量，培训工作仍然存在制度不够健全、覆盖面不够广泛、规模不够大、针对性有效性不强、促进贫困劳动力就业脱贫的支持度不够等问题。加强新生代农民工职业技能培训工作，带动农民工队伍技能素质全面提升，是充分发挥我国人力资源优势、提高人力资本质量的重要任务，是促进就业创业、乡村振兴和扶贫脱贫的有效举措，是深化供给侧结构性改革、推动经济社会发展和新动能培育的必然要求，对于我国决胜全面建成小康社会具有重要意义。各级人力资源社会保障部门要高度重视，集中整合有关政策和资源，形成合力，面向新生代农民工大力开展职业技能培训。

1.8.2 总体要求

指导思想。全面贯彻党的十九大和十九届二中、三中全会和中央经济工作会议精神，将新生代农民工职业技能培训作为实施人才强国战略、创新驱动发展战略、乡村振兴战略的具体举措和打赢脱贫攻坚战的重要抓手，围绕国家经济社会发展对高素质劳动者需求和农民工技能就业、高质量就业需要，保障就业局势稳定，聚焦新生代农民工，针对群体和时代特点，开展大规模、多层次、高质量、有保障的职业技能培训，促进多渠道转移就业，提高就业质量。

目标任务。逐步形成就业导向、政策扶持、企业主导、社会参与的运行机制，健全培训需求调查、职业指导、分类培训、技能评价、就业服务协同联动的工作机制。到2022年末，努力实现新生代农民工职业技能培训"普遍、普及、普惠"的目标，即普遍组织新生代农民工参加职业技能培训，提高培训覆盖率；普及职业技能培训课程资源，提高培训可及性；普惠性补贴政策全面落实，提高各方主动参与培训积极性。

1.8.3 大规模开展多种形式的职业技能培训

广泛开展就业技能培训，促进转移就业。对在公共就业服务平台登记培训愿望的农民工,在1个月内提供相应的培训信息或统筹组织参加培训,实现转移就业前掌握就业基本常识并至少掌握一项职业技能。对初次到城镇就业的新生代农民工开展必要的引导性培训。对失业和转岗人员,引导并组织参加新技能培训,帮助其尽快返岗转岗。重点根据企业岗位实际需求开展订单定岗培训,结合产业发展需求开展定向培训。

大力推进岗位技能提升培训,支持岗位成才。支持企业对农民工广泛开展技能培训,重点对新生代农民工开展岗前培训、企业新型学徒制培训、岗位技能提升培训、高技能人才培训等,进一步提高其就业稳定性。围绕提高产品质量和促进安全生产,经常性开展安全知识、操作规程、规章制度培训。对具备较高职业技能和自主创新意愿的人员,特别是企业拔尖技能人才,开展岗位创新创效培训。加强劳模精神和工匠精神培育,引导新生代农民工爱岗敬业,追求精益求精。

精准开展技能扶贫培训,助力脱贫攻坚。精准掌握建档立卡贫困劳动力、低保家庭劳动力、特困救助供养人员和残疾人等就业困难人员中新生代农民工的基本情况,结合扶贫项目和用工需求,优先为有培训意愿的人员提供精准技能培训服务,优先为有就读技工院校意愿的人员提供技工教育,帮助他们实现技能就业脱贫。

积极开展创业创新培训,培养创业带头人。将有意愿开展创业活动和处于创业初期的农民工全部纳入创业培训服务范围,开展创业培训服务。重点对新生代农民工积极开展电子商务培训。对具备一定条件的人员开展以创办个体工商户和创办小微企业为中心的创业技能培训,提供开业指导和创业孵化、创业政策支持,提高创业成功率。对已创业人员,持续开展改善或扩大企业经营的创业能力提升培训和企业经营指导,加强创业公共服务,提升经营管理能力。

1.8.4 切实提高培训质量

创新培训内容和方式,提高培训针对性有效性。根据制造业重点领域、现代服务业和乡村振兴对技能人才需要,以新生代农民工为重点,积极开展相关职业(工种)技能培训。逐步推广工学一体化、"互联网+职业培训"、职业培训包、多媒体资源培训等灵活多样的培训方式,满足新生代农民工多样化、个性化培训需求。根据当地新生代农民工特点和产业发展实际,打造特色培训品牌。

扩大培训供给,实行市场化社会化培训机制。政府投资建设的高技能人才培训基地、实训基地和创业孵化基地等,要率先做好新生代农民工职业技能培训工作,带动其他培训资源参与。逐步推进职业技能培训公共服务项目目录清单管理,政府补贴的职业技能培训项目全部向具备资质的职业院校和培训机构开放。推动落实劳动者自主选择职业培训机构和培训项目、按培训补贴标准领取补贴的政府购买服务方式。

做好公共就业服务,实现培训就业一体化。多渠道公开职业培训信息,提高新生代农民工对就业趋势、培训政策、课程内容等信息的知晓度。支持职业培训机构与行业协会、大中型企业、劳务输出机构等建立联合体,开展培训就业一站式服务。推进劳务输入地与输出地联动对接,延长新生代农民工跨区域培训就业服务链条。加强就业形势监测,对就业不稳定的农民工,及时提供技能培训和就业信息服务。

1.8.5 强化保障措施

加强组织领导,形成工作合力。各地要以农民工就业和培训的统计调查数据为基础,科学规划新生代农民工培训工作。做好现有各项培训政策措施的衔接融合,发挥相关部门职能优势，形成工作合力。人力资源社会保障系统就业、人力资源市场、职业培训、技工院校管理、职业技能鉴定、农民工工作、失业保险、劳动监察等部门要明确职责、密切协作，加强工作督导，及时研究解决工作中存在的问题，确保政策措施落到实处。

加大扶持力度，落实补贴政策。鼓励各地结合实际，从资金、政策等方面加大对新生代农民工职业培训和就业创业扶持力度。落实相关补贴政策，减少参训人员"先垫后支"情况，探索培训券补贴方式。对建档立卡贫困人员按规定落实免费参加技工教育和职业培训政策。会同有关部门做好《关于企业职工教育经费提取与使用管理的意见》（财建〔2006〕317号）和《关于企业职工教育经费税前扣除政策的通知》（财税〔2018〕51号）的宣传解读和政策落实，支持引导企业足额提取职工教育培训经费并合理使用。

优化社会环境，形成良好氛围。各地要采取多种方式大力宣传职业培训和技术工人待遇等政策，深入解读各项惠及农民工、培训机构、用人单位的政策措施，以新生代农民工为重点，及时总结推广农民工职业技能培训的有效经验，动员社会各界积极参与新生代农民工职业技能提升计划的实施。每年至少对乡（镇）、村有关工作人员开展一次职业培训等相关政策培训，乡（镇）、村要加强相关政策宣传讲解和典型人物事迹宣传，激发新生代农民工技能成才的内生动力。

第9节 劳务派遣暂行规定

劳务派遣用工是中国企业用工的补充形式，只能在临时性、辅助性或者替代性的工作岗位上实施。

为解决劳务派遣工同工不同酬、同岗不同权，社保福利待遇低，没有职业培训，职业发展受限等问题，打击违反临时性、辅助性、替代性的"三性"规定，滥用派遣制度等违法行为问题，作为贯彻落实《劳动合同法》的一项重要举措，人力资源和社会保障部研究起草了《劳务派遣暂行规定》（施行时间：2014年3月1日。原名为《劳务派遣若干规定》），共7章、29条内容，主要就明确劳务派遣用工比例、辅助性岗位的确定程序、跨地区劳务派遣的社会保险、禁止"假外包真派遣"等重要内容作出规定。同时，《劳务派遣暂行规定》也对劳动合同、劳务派遣协议的订立、履行、解除和终止以及相应的法律责任等加以明确。

劳务派遣工与正式职工的待遇差距实际上就是工作过程中存在的最大安全事故隐患，从长远发展来看，不利于用工单位的长治久安。

劳务派遣工无限扩大不利于扩大党的执政基础。缩小贫富差距应先把《劳务派遣暂行规定》贯彻落实到位，最终实现同工同酬。拒绝区别对待，规范劳务派遣，抵制劳务外包，外委。

1.9.1 用工范围和用工比例

用工单位只能在临时性、辅助性或者替代性的工作岗位上使用被派遣劳动者。

临时性工作岗位是指存续时间不超过6个月的岗位；辅助性工作岗位是指为主营业务岗位提供服务的非主营业务岗位；替代性工作岗位是指用工单位的劳动者因脱产学习、休假等原因无法工作的一定期间内，可以由其他劳动者替代工作的岗位。

用工单位决定使用被派遣劳动者的辅助性岗位，应当经职工代表大会或者全体职工讨论，提出方案和意见，与工会或者职工代表平等协商确定，并在用工单位内公示。

用工单位应当严格控制劳务派遣用工数量，使用的被派遣劳动者数量不得超过其用工总量的10%。

用工总量是指用工单位订立劳动合同人数与使用的被派遣劳动者人数之和。

计算劳务派遣用工比例的用工单位是指依照劳动合同法和劳动合同法实施条例可以与劳动者订立劳动合同的用人单位。

1.9.2　劳动合同、劳务派遣协议的订立和履行

劳务派遣单位应当依法与被派遣劳动者订立两年以上的固定期限书面劳动合同。

劳务派遣单位可以依法与被派遣劳动者约定试用期。劳务派遣单位与同一被派遣劳动者只能约定一次试用期。

劳务派遣协议应当载明下列内容：

(1) 派遣的工作岗位名称和岗位性质；
(2) 工作地点；
(3) 派遣人员数量和派遣期限；
(4) 按照同工同酬原则确定的劳动报酬数额和支付方式；
(5) 社会保险费的数额和支付方式；
(6) 工作时间和休息休假事项；
(7) 被派遣劳动者工伤、生育或者患病期间的相关待遇；
(8) 劳动安全卫生以及培训事项；
(9) 经济补偿等费用；
(10) 劳务派遣协议期限；
(11) 劳务派遣服务费的支付方式和标准；
(12) 违反劳务派遣协议的责任；
(13) 法律、法规、规章规定应当纳入劳务派遣协议的其他事项。

劳务派遣单位应当对被派遣劳动者履行下列义务：

(1) 如实告知被派遣劳动者劳动合同法第八条规定的事项、应遵守的规章制度以及劳务派遣协议的内容；
(2) 建立培训制度，对被派遣劳动者进行上岗知识、安全教育培训；
(3) 按照国家规定和劳务派遣协议约定，依法支付被派遣劳动者的劳动报酬和相关待遇；
(4) 按照国家规定和劳务派遣协议约定，依法为被派遣劳动者缴纳社会保险费，并办理社会保险相关手续；
(5) 督促用工单位依法为被派遣劳动者提供劳动保护和劳动安全卫生条件；
(6) 依法出具解除或者终止劳动合同的证明；
(7) 协助处理被派遣劳动者与用工单位的纠纷；
(8) 法律、法规和规章规定的其他事项。

用工单位应当按照劳动合同法第六十二条规定，向被派遣劳动者提供与工作岗位相关的福利待遇，不得歧视被派遣劳动者。

被派遣劳动者在用工单位因工作遭受事故伤害的，劳务派遣单位应当依法申请工伤认

定,用工单位应当协助工伤认定的调查核实工作。劳务派遣单位承担工伤保险责任,但可以与用工单位约定补偿办法。

被派遣劳动者在申请进行职业病诊断、鉴定时,用工单位应当负责处理职业病诊断、鉴定事宜,并如实提供职业病诊断、鉴定所需的劳动者职业史和职业危害接触史、工作场所职业病危害因素检测结果等资料,劳务派遣单位应当提供被派遣劳动者职业病诊断、鉴定所需的其他材料。

劳务派遣单位行政许可有效期未延续或者《劳务派遣经营许可证》被撤销、吊销的,已经与被派遣劳动者依法订立的劳动合同应当履行至期限届满。双方经协商一致,可以解除劳动合同。

有下列情形之一的,用工单位可以将被派遣劳动者退回劳务派遣单位:

(1) 用工单位有劳动合同法第四十条第三项、第四十一条规定情形的;
(2) 用工单位被依法宣告破产、吊销营业执照、责令关闭、撤销、决定提前解散或者经营期限届满不再继续经营的;
(3) 劳务派遣协议期满终止的。

被派遣劳动者退回后在无工作期间,劳务派遣单位应当按照不低于所在地人民政府规定的最低工资标准,向其按月支付报酬。

1.9.3 劳动合同的解除和终止

被派遣劳动者提前30日以书面形式通知劳务派遣单位,可以解除劳动合同。被派遣劳动者在试用期内提前3日通知劳务派遣单位,可以解除劳动合同。劳务派遣单位应当将被派遣劳动者通知解除劳动合同的情况及时告知用工单位。

被派遣劳动者因本规定第十二条规定被用工单位退回,劳务派遣单位重新派遣时维持或者提高劳动合同约定条件,被派遣劳动者不同意的,劳务派遣单位可以解除劳动合同。

被派遣劳动者因本规定第十二条规定被用工单位退回,劳务派遣单位重新派遣时降低劳动合同约定条件,被派遣劳动者不同意的,劳务派遣单位不得解除劳动合同。但被派遣劳动者提出解除劳动合同的除外。

劳务派遣单位被依法宣告破产、吊销营业执照、责令关闭、撤销、决定提前解散或者经营期限届满不再继续经营的,劳动合同终止。用工单位应当与劳务派遣单位协商妥善安置被派遣劳动者。

劳务派遣单位因劳动合同法第四十六条或者本规定第十五条、第十六条规定的情形,与被派遣劳动者解除或者终止劳动合同的,应当依法向被派遣劳动者支付经济补偿。

1.9.4 跨地区劳务派遣的社会保险

劳务派遣单位跨地区派遣劳动者的,应当在用工单位所在地为被派遣劳动者参加社会保险,按照用工单位所在地的规定缴纳社会保险费,被派遣劳动者按照国家规定享受社会保险待遇。

劳务派遣单位在用工单位所在地设立分支机构的,由分支机构为被派遣劳动者办理参保手续,缴纳社会保险费。

劳务派遣单位未在用工单位所在地设立分支机构的,由用工单位代劳务派遣单位为被派遣劳动者办理参保手续,缴纳社会保险费。

1.9.5 其他规定

外国企业常驻代表机构和外国金融机构驻华代表机构等使用被派遣劳动者的,以及船员用人单位以劳务派遣形式使用国际远洋海员的,不受临时性、辅助性、替代性岗位和劳务派遣用工比例的限制。

用人单位将本单位劳动者派往境外工作或者派往家庭、自然人处提供劳动的,不属于劳务派遣。

用人单位以承揽、外包等名义,按劳务派遣用工形式使用劳动者的,按照规定处理。

用工单位在本规定施行前使用被派遣劳动者数量超过其用工总量 10% 的,应当制定调整用工方案,于本规定施行之日起 2 年内降至规定比例。但是《全国人民代表大会常务委员会关于修改〈中华人民共和国劳动合同法〉的决定》公布前已依法订立的劳动合同和劳务派遣协议期限届满日期在本规定施行之日起 2 年后的,可以依法继续履行至期限届满。

用工单位应当将制定的调整用工方案报当地人力资源社会保障行政部门备案。

用工单位未将本规定施行前使用的被派遣劳动者数量降至符合规定比例之前,不得新用被派遣劳动者。

第 10 节 建筑工人实名制管理办法(建市〔2019〕18 号)

1.10.1 总则

为规范建筑市场秩序,加强建筑工人管理,维护建筑工人和建筑企业合法权益,保障工程质量和安全生产,培育专业型、技能型建筑产业工人队伍,促进建筑业持续健康发展,依据建筑法、劳动合同法、《国务院办公厅关于全面治理拖欠农民工工资问题的意见》(国办发〔2016〕1 号)和《国务院办公厅关于促进建筑业持续健康发展的意见》(国办发〔2017〕19 号)等法律法规及规范性文件,住房和城乡建设部、人力资源和社会保障部联合印发了建市〔2019〕18 号文;《建筑工人实名制管理办法(试行)》自 2019 年 3 月 1 日实施。

建筑工人实名制是指对建筑企业所招用建筑工人的从业、培训、技能和权益保障等以真实身份信息认证方式进行综合管理的制度。

该办法适用于房屋建筑和市政基础设施工程。

1.10.2 实名制管理职责

住房和城乡建设部、人力资源社会保障部负责制定全国建筑工人实名制管理规定,对各地实施建筑工人实名制管理工作进行指导和监督;负责组织实施全国建筑工人管理服务信息平台的规划、建设和管理,制定全国建筑工人管理服务信息平台数据标准。

省(自治区、直辖市)级以下住房和城乡建设部门、人力资源社会保障部门负责本行政区域建筑工人实名制管理工作,制定建筑工人实名制管理制度,督促建筑企业在施工现场全面落实建筑工人实名制管理工作的各项要求;负责建立完善本行政区域建筑工人实名制管理平台,确保各项数据的完整、及时、准确,实现与全国建筑工人管理服务信息平台联通、共享。

建设单位应与建筑企业约定实施建筑工人实名制管理的相关内容,督促建筑企业落实建筑工人实名制管理的各项措施,为建筑企业实行建筑工人实名制管理创造条件,按照工程进度将建筑工人工资按时足额付至建筑企业在银行开设的工资专用账户。

建筑企业应承担施工现场建筑工人实名制管理职责，制定本企业建筑工人实名制管理制度，配备专（兼）职建筑工人实名制管理人员，通过信息化手段将相关数据实时、准确、完整上传至相关部门的建筑工人实名制管理平台。

总承包企业（包括施工总承包、工程总承包以及依法与建设单位直接签订合同的专业承包企业，下同）对所承接工程项目的建筑工人实名制管理负总责，分包企业对其招用的建筑工人实名制管理负直接责任，配合总承包企业做好相关工作。

全面实行建筑业农民工实名制管理制度，坚持建筑企业与农民工先签订劳动合同后进场施工。建筑企业应与招用的建筑工人依法签订劳动合同，对其进行基本安全培训，并在相关建筑工人实名制管理平台上登记，方可允许其进入施工现场从事与建筑作业相关的活动。

项目负责人、技术负责人、质量负责人、安全负责人、劳务负责人等项目管理人员应承担所承接项目的建筑工人实名制管理相应责任。进入施工现场的建设单位、承包单位、监理单位的项目管理人员及建筑工人均纳入建筑工人实名制管理范畴。

建筑工人应配合有关部门和所在建筑企业的实名制管理工作，进场作业前须依法签订劳动合同并接受基本安全培训。

1.10.3　实名制管理要求

建筑工人实名制信息由基本信息、从业信息、诚信信息等内容组成。

基本信息应包括建筑工人和项目管理人员的身份证信息、文化程度、工种（专业）技能（职称或岗位证书）等级和基本安全培训等信息。

从业信息应包括工作岗位、劳动合同签订、考勤、工资支付和从业记录等信息。诚信信息应包括诚信评价、举报投诉、良好及不良行为记录等信息。

总承包企业应以真实身份信息为基础，采集进入施工现场的建筑工人和项目管理人员的基本信息，并及时核实、实时更新；真实完整记录建筑工人工作岗位、劳动合同签订情况、考勤、工资支付等从业信息，建立建筑工人实名制管理台账；按项目所在地建筑工人实名制管理要求，将采集的建筑工人信息及时上传相关部门。

已录入全国建筑工人管理服务信息平台的建筑工人，1年以上（含1年）无数据更新的，再次从事建筑作业时，建筑企业应对其重新进行基本安全培训，记录相关信息，否则不得进入施工现场上岗作业。

建筑企业应配备实现建筑工人实名制管理所必需的硬件设施设备，施工现场原则上实施封闭式管理，设立进出场门禁系统，采用人脸、指纹、虹膜等生物识别技术进行电子打卡；不具备封闭式管理条件的工程项目，应采用移动定位、电子围栏等技术实施考勤管理。相关电子考勤和图像、影像等电子档案保存期限不少于2年。

实施建筑工人实名制管理所需费用可列入安全文明施工费和管理费。

建筑企业应依法按劳动合同约定，通过农民工工资专用账户按月足额将工资直接发放给建筑工人，并按规定在施工现场显著位置设置"建筑工人维权告示牌"，公开相关信息。

1.10.4　监督管理

各级住房和城乡建设部门、人力资源社会保障部门、建筑企业、系统平台开发应用等单位应制定制度，采取措施，确保建筑工人实名制管理相关数据信息安全，以及建筑工人实名制信息的真实性、完整性，不得漏报、瞒报。

各级住房和城乡建设部门、人力资源社会保障部门应加强与相关部门的数据共享，通过数据运用分析，利用新媒体和信息化技术渠道，建立建筑工人权益保障预警机制，切实保障建筑工人合法权益，提高服务建筑工人的能力。

各级住房和城乡建设部门、人力资源社会保障部门应对下级部门落实建筑工人实名制管理情况进行监督检查，对于发现的问题要责令限期整改；拒不整改或整改不到位的，要约谈相关责任人；约谈后仍拒不整改或整改不到位的，列入重点监管范围并提请有关部门进行问责。

各级住房和城乡建设部门应按照"双随机、一公开"的要求，加强对本行政区域施工现场建筑工人实名制管理制度落实情况的日常检查，对涉及建筑工人实名制管理相关投诉举报事项进行调查处理。对涉及不依法签订劳动合同、欠薪等侵害建筑工人劳动保障权益的，由人力资源社会保障部门会同住房和城乡建设部门依法处理；对涉及其他部门职能的违法问题或案件线索，应按职责分工及时移送处理。

各级住房和城乡建设部门可将建筑工人实名制管理列入标准化工地考核内容。建筑工人实名制信息可作为有关部门处理建筑工人劳动纠纷的依据。各有关部门应制定激励办法，对切实落实建筑工人实名制管理的建筑企业给予支持，一定时期内未发生工资拖欠的，可减免农民工工资保证金。

各级住房和城乡建设部门对在监督检查中发现的企业及个人弄虚作假、漏报瞒报等违规行为，应予以纠正、限期整改，录入建筑工人实名制管理平台并及时上传相关部门。拒不整改或整改不到位的，可通过曝光、核查企业资质等方式进行处理，存在工资拖欠的，可提高农民工工资保证金缴纳比例，并将相关不良行为记入企业或个人信用档案，通过全国建筑市场监管公共服务平台向社会公布。

严禁各级住房和城乡建设部门、人力资源社会保障部门借推行建筑工人实名制管理的名义，指定建筑企业采购相关产品；不得巧立名目乱收费，增加企业额外负担。对违规要求建筑企业强制使用某款产品或乱收费用的，要立即予以纠正；情节严重的依法提请有关部门进行问责，构成犯罪的，依法追究刑事责任。

各级住房和城乡建设部门、人力资源社会保障部门应结合本地实际情况，制定建筑工人实名制管理办法实施细则。

该办法由住房和城乡建设部、人力资源社会保障部负责解释。

第 2 章　建筑工人实名制管理

实名制就是人们在日常生活、工作、学习等各种社会活动中使用真实姓名、反映其真实身份的一种制度，即身份证明制度。进入二十一世纪以来，人类社会发展飞速，人们交往更趋频繁，特别经济领域在互联网上交易的发展，带给人们极大的便利。但在社会高速发展的同时，互联网上各类虚拟身份的交易以及在各类社会活动中存在着对年龄、姓名、籍贯隐瞒真实情况，提供虚假材料，甚至伪造冒用盗用他人身份信息等行为时有发生，干扰了人们的正常生活、工作和学习，对社会的进步和发展造成不利的影响。为有效解决这些问题，实名制渐渐成为一项社会管理的必要补充措施，其实施很大程度上带来了社会的稳定和安全，甚至起到人们财产保障手段的重要组成部分。

实名制管理就是管理的主体——管理者对真实身份的被管理对象，依据其有效身份注册、验证、管理的方式。当前对人员的实名制管理大多利用互联网络信息平台。

第 1 节　建筑工人实名制和实名制管理

建筑工人实名制是指对建筑企业所招用建筑工人的从业、培训、技能和权益保障等以真实身份信息认证方式进行综合管理的制度。建筑工人实名制管理就是对在房屋建筑和城市基础设施建设施工现场的项目管理人员及建筑工人实行本人身份证登记并且采录在相应的网络平台实施管理的一种方法。是建筑企业通过单位和施工现场对签订劳动合同的建筑工人按真实身份信息对其从业记录、培训情况、职业技能、工作水平、工资薪酬和权益保障等进行综合管理的制度。

近几年来我国已经有很多地方的建设行政主管部门发文开启了当地建筑工人实名制管理工作。住房和城乡建设部、人力资源和社会保障部于 2019 年 2 月 17 日联合发布了《关于印发建筑工人实名制管理办法（试行）的通知》，对统一各地的建筑工人实名制管理标准提出了具体要求。

2.1.1　建筑工人实名制管理的目的和范围

建筑工人实名制管理的目的是为规范建筑市场秩序，加强建筑工人管理，维护建筑工人和建筑企业合法权益，保障工程质量和安全生产，培育专业型、技能型建筑产业工人队伍，促进建筑业持续健康发展。

住房和城乡建设部、人力资源和社会保障部依据建筑法、劳动合同法、《国务院办公厅关于全面治理拖欠农民工工资问题的意见》（国办发〔2016〕1 号）和《国务院办公厅关于促进建筑业持续健康发展的意见》（国办发〔2017〕19 号）等法律法规及规范性文件，联合制定了《关于印发建筑工人实名制管理办法（试行）的通知》。

通知明确规定进入施工现场的建设单位、承包单位、监理单位的项目管理人员及建筑工人均纳入建筑工人实名制管理范围，对加强施工现场人员管理、规范建筑劳务市场管理具有十分重大的意义。

2.1.2 建筑工人实名制管理的意义

目前，我国建筑行业用工管理秩序较为混乱的状况仍然存在，主要表现在建设行政部门没有很好的管理抓手；相当一部分总承包企业（包括施工总承包、工程总承包以及依法与建设单位直接签订合同的专业承包企业，下同）劳务用工选择方法混乱；不少建筑用工企业（包括使用自有建筑工人的承包企业，建筑劳务企业和专业作业企业，下同）工人素质不高等问题。

1. 建设行政主管部门的管理机构对建筑劳务用工混乱状况没有一个根本性的管理办法。各地建设行政主管部门对管辖区域内的工程施工项目的工人数量、来源、文化层次、年龄结构、技能培训等情况难以全面掌握，有针对性地监管、教育和服务措施难以落实。建设领域企业与劳务工人的各类纠纷屡见不鲜，管理部门和行业机构没有很好的依据和标准解决这些纠纷，企业和劳务工人的权益难以得到保障。这些问题制约了建设行业的可持续健康发展，影响了工程建设的质量安全，也不利于社会的和谐稳定。

2. 相当一部分总包企业劳务用工不规范，劳务队伍不能相对稳定；有的存在着由工程项目部或班组根据项目进度在社会上随意招用劳务工人；有的以包代管，不履行相应的培训教育和管理职责。不规范的劳务用工不能建立有效的劳务档案，企业对施工现场人员数量、基本情况、进出场时间、工作考勤和工资发放等情况不掌握，企业与民工的合同纠纷、工伤保险纠纷和工资薪酬纠纷时有发生。再加之企业没有对劳务工人进行有效的安全知识教育，施工过程中安全事故频发，在事故统计方面建筑施工企业也长期排名在安全事故高发的"五大高危企业"之前列，对工人生命造成损害，对国家和集体财产造成损失。

3. 建筑用工企业劳务用工的对象大多数为农民工，他们的劳务组织结构较为松散，相当一部分还不是成建制的，只是规模较小的作业队伍，而且人员流动性较大，队伍不稳定。劳动者文化知识普遍不高，专业技术水平和操作能力参差不齐；很多用工企业没有对劳务工人进行质量意识教育，更没有开展操作技能的培训，没经培训就上岗，劳务工人的质量意识低下，操作技能水平普遍不高，大大影响了建筑工程的质量。

针对上述现象国务院在2017年2月21日发布了《国务院办公厅关于促进建筑业持续健康发展的意见》，在提高建筑业从业人员素质，改革建筑业用工制度等方面进一步提出了要求。《意见》明确指出，要推动建筑业劳务企业转型，大力发展木工、电工、砌筑、钢筋制作等以作业为主的专业企业。因此，建筑业劳务队伍的发展将以专业企业为建筑工人的主要载体，逐步实现建筑工人公司化、专业化管理。国家鼓励现有专业企业进一步做专做精，增强竞争力，推动形成一批以作业为主的建筑业专业企业。

建筑工人实名制管理有以下几方面的意义：

1. 有利于建筑业的健康发展

住房和城乡建设部、人力资源和社会保障部负责制定全国建筑工人实名制管理规定，对各地实施建筑工人实名制管理工作进行指导和监督；负责组织实施全国建筑工人管理服务信息平台的规划、建设和管理，制定全国建筑工人管理服务信息平台数据标准。通过建立实名制管理信息平台，开展建筑工人实名制管理，改革建筑用工制度，大力发展以作业为主的专业企业；全面落实劳动合同制度，建立健全与建筑业相适应的社会保险参保缴费方式，保护工人合法权益。通过对劳务工人的从业记录、培训情况、职业技能、工作水平和权益保障等进行综合管理，统一规范全国的建筑用工制度，有望结束建筑市场用工乱象。

省（自治区、直辖市）级以下住房和城乡建设部门、人力资源社会保障部门负责本行政区域建筑工人实名制管理工作，制定建筑工人实名制管理制度，督促建筑企业在施工现场全面落实建筑工人实名制管理工作的各项要求；负责建立完善本行政区域建筑工人实名制管理平台，确保各项数据的完整、及时、准确，实现与全国建筑工人管理服务信息平台联通、共享。并对本行政区域内各有关主管部门、建筑企业和施工现场建筑工人实名制管理的情况进行日常监督检查。

建筑工人实名制管理的实施对于建设行政主管部门对建筑企业或建设项目的劳动安全和工人工资薪酬等可实行比较完整的动态监管。各级建设行政管理部门通过建筑工人实名制管理信息平台，可以及时掌握所辖地施工企业和项目部各个阶段的劳务用工情况，在做好行业管理的同时，可以更好地为企业和建筑工人服务。

建筑工人实名制的实施和数据信息平台的建立为管理部门在处理劳务人员与用人单位发生的各类纠纷时，可以提供有价值的参考依据。

通过建筑工人实名制管理，建设行政管理部门掌握的劳务工人的信息还可与公安部门、劳动部门以及社会保险部门的人口信息系统对接，为劳务工人的求职招聘、法律援助、职业培训、个人信用查询等提供社会服务。

行业发展的根本是人力资源的管理，施工企业和施工现场一线从业人员是实现建筑业健康发展的基石，劳务工人是生产一线的主力军。建筑工人实名制管理的信息平台建立，很大程度上加快了建筑从业人员特别是生产一线主力军的信用体系建设。在建筑工人道德与职业道德建设方面起到了很好的作用，有利于提高从业人员素质，加快培养建筑人才，有利于建筑业的可持续健康发展，也是建筑业健康有序发展的必然趋势。

2. 有利于建筑施工企业的发展

建筑工人实名制管理有望彻底改变建筑企业在劳务队伍的选择、劳务工人的使用、劳务工人管理等方面存在的乱象，规范全国建筑行业施工企业的用工管理。对总承包企业来说建筑工人实名制的实施，在劳务用工环节有法可依、招录劳务工人有标准有规范，彻底摒弃私招乱雇的现象。总承包企业通过完善劳务用工管理制度和加强相关管理，建立能动态反映施工现场一线作业人员实际情况的花名册、考勤册和工资册等实名管理台账，实现施工现场一线从业人员情况清楚明了，特别是各工种从业工人的数量清楚、基本信息清楚、考勤记录清楚、工资薪酬标准和发放清楚、项目施工阶段的进退场时间清楚等目标管理。

通过身份证实名认证，可以避免未成年人或超过工种年龄要求的人员从事建筑行业的管理风险。利用实名制管理，能真实反映劳务工人考勤情况，避免串岗、重岗、待岗的不良事件发生，降低劳务纠纷的风险。

建筑工人实名制对总承包企业和对工程项目施工的好处具体还表现在：

（1）有利于企业开展员工的教育和培训

总承包企业在实施建筑工人实名制后对工人姓名、年龄、籍贯、家庭地址、文化程度、培训信息、技能水平、从业经历甚至诚信情况都有了比较翔实的了解。由于员工队伍较实名制前更为稳定，企业可以在各个生产阶段对他们组织针对性的教育和培训。特别在技能培训以保证工程质量，经常性的安全教育培训以保障施工安全等方面可以形成制度。

实名制管理平台还包含了培训模块，劳务工人的学习经历以及从业后参加的历次培训、考核鉴定的技能等级等一目了然，用人单位可以及时掌握合理使用。

（2）有利于进一步提高工程施工质量

近几年来，由于劳务用工管理整体较为混乱的状况没有得到根本扭转，不少施工企业通过工程承包人或班组长招用民工，对人员不履行相应的管理职责，导致不少新招用的民工"今天放下镰刀，明天拿起瓦刀"，未经过技能培训就上岗操作，施工质量难以得到保证。采取建筑工人实名制能快速掌握作业人员基本情况，特别是各个体的技能情况，可以针对性地安排岗前培训，提升工人的操作技能水平，科学调配劳动力，并能提升实际工作效能，保证工程施工质量。

（3）有利于施工现场的安全生产管理

建筑工人实名制管理要求进入施工现场作业的建筑工人必须经过施工现场安全生产基本知识的培训。通过定期和不定期的各级安全生产教育培训，不断增强劳务工人的安全隐患意识。建筑工人采用实名制管理后，企业就可以实名购买建筑工伤保险，从而抵御工程施工中发生安全事故的风险。稳定的员工队伍加之经常性的各层级的安全教育培训，将会大大降低安全事故发生的概率。

3. 有利于用工企业和劳务队伍的整体素质提高

建筑工人实名制管理是对施工一线从业人员真实身份的认定，有利于提高劳务工人学习文化和专业知识的积极性，掌握更高的职业技能。建筑工人实名制管理需要建筑用工企业劳务队伍的工人结构相对稳定，通过教育培训、操作训练，工人文化程度较以前有所提高，而且具有一定的技能水平，否则在实名制管理的要求下与其他用工企业和劳务队伍难以形成竞争的优势。

用工企业要按照国务院有关部门的要求稳定劳务队伍，大力发展以作业为主的专业企业，逐步实现建筑工人的公司化、专业化管理，使得劳务队伍的整体素质得到逐步提高。

4. 有利于建筑工人个体利益的进一步加大

建筑工人实名制管理的实施，有望在用工单位和劳动者之间全面落实劳动合同制度，建立健全与建筑业相适应的社会保险参保缴费制度，可以极大地保护工人合法权益。

实名制管理的重要内容是建筑工人真实身份的认定和劳务合同的签订，对劳务工人来说也有了身份上的认同，有利于他们在技术水平、操作技能提高的同时进一步提升自信心，工作责任感进一步增强，达到充分调动劳务工人的工作积极性。

劳务工人在实名制管理的氛围中经常性的参加新工艺、新材料等施工技术和施工方法的培训，可以促进建筑业农民工向技术工人转型，使他们的操作技能水平得到逐步增长。

建筑工人实名制管理有利于解决在过去的农民工管理过程中所出现的一些比如欠薪问题、社会保障不健全等问题。如果发生劳资纠纷、工伤纠纷等各类纠纷时，有关部门可以根据实名制登录信息作为真凭实据依法合理的给予解决。

政府有关管理部门在实名制管理时可以为劳务工人提供更多权益保障，可以从优秀劳务工人开始，逐步将建筑工人实名制与落户、就业、子女就学、住房、养老保险、医疗保险等重要城市福利和社会保障挂钩，使其在城市发展中与居民一样享有公共服务的条件。

5. 有利于社会的治安稳定

建筑工人实名制管理的数据信息平台要求登记的信息须真实有效，包括建筑工人的姓名、性别、出生年月、身份证号、户籍和家庭地址、学历、奖励记录以及不良行为记录等。管理平台使用实名制"一人一档"，成为工人们的职业电子档案，填补了过去多年劳务管理档案"空白"的状况。在建筑工人较大范围流动的状况下，可以有效控制以前存在的一小部分违法犯罪人员隐瞒真实身份提供虚假证明混入建筑劳务队伍的现象。因此，建筑工人实名制管理非常有利于社会的治安管理和和谐稳定。

2.1.3 建筑工人实名制管理的主要内容

建筑工人实名制管理是一项系统工作，涉及政府、企业和劳务工人多个方面。在政府数据信息平台建立后，实名制管理的主要内容有：建筑工人的基本信息、从业信息、诚信信息等内容组成。

建筑工人的基本信息。包括劳务工人的姓名、性别、出生年月、身份证号、健康状况、户籍和家庭地址、文化程度、基本安全培训信息、工种（专业）、技能（职称或岗位证书）等级、不良及良好行为记录以及是否有重大病史的健康记录等。为了便于一旦突发事件发生后政府或企业能及时与其家属联系，基本信息还可以包括紧急联系人和联系方式。

建筑工人的从业信息。从业信息应包括工作岗位、劳动合同签订、考勤、工资支付和从业记录等信息。实名制管理前包括劳务工人自从事工作以来分别在各个时间段，曾经在包括本地区本省以及其他省市等各地的从业经历，从事的职业和工种，考勤和工资支付。主要是技术工种但不仅限技术工种的从事年限，是否有过技能鉴定和技能等级以及何种职业、具体等级。

建筑工人的职业技能培训与鉴定管理。实名制管理后建筑工人参加的管理部门、行业机构、建筑施工企业或用工单位的历次质量、安全、技能培训情况，包括学习情况、考核成绩等。若教育培训和技能鉴定为一体的则需有技能鉴定结果的记录。

建筑工人变动状态监控。企业或项目部每年或各个阶段的劳务用工情况，包括工种、数量和工人技能，进场和退场时间日期的变化。

投诉处理是指对投诉人（主要建筑工人）的投诉事件调查处理的结果，包括投诉事件的真实性，调查结果和处理意见以及处理结果，其目的主要是保护劳动者的合法权益。

不良行为记录是指建筑工人在实名制录入前和实行实名制后的各种不良表现的记录。主要表现在社会上或企业中的寻衅斗殴、酗酒滋事、偷盗诈骗、破坏公共财物等违法乱纪行为；表现在企业生产经营活动中的违反质量安全生产管理条例，违反地方和企业的有关规章等行为。

良好行为记录和诚信评价。建筑工人的诚信行为也要录入实名制管理平台系统，更多地录入员工的正面表现，以及员工的优良行为。员工获得的企业、地方、省级甚至全国的表彰，如"先进个人""劳动模范""生产标兵"等，载入工人档案和诚信评价，积极在劳务工人队伍中宣传表彰先进、树立标兵，带动整个劳务队伍整体素质的提高。

第2节 建筑施工企业如何实施实名制管理

建筑行业是劳动密集型行业，生产经营工作中人是最重要的因素。专业技术人员、专业管理人员的管理，以及劳务用工管理对于建筑企业来讲是核心竞争力的关键因素。总承包企业对所承接工程项目的建筑工人实名制管理负总责,分包企业对其招用的建筑工人实名制管理负直接责任,配合总承包企业做好相关工作。

项目负责人、技术负责人、质量负责人、安全负责人、劳务负责人等项目管理人员应承担所承接项目的建筑工人实名制管理相应责任。

建筑工人实名制管理的实施对施工企业在队伍选择、工人信息采集、队伍和工人管理、工人教育培训和技能考核鉴定、工资薪酬管理等方面有着很多规范性的工作。对建筑承包企业和项目部劳务工人的管理、对建筑用工企业也同样提出了更高的管理要求。

2.2.1 总承包企业实名制管理

1. 制定制度,建立管理组织,明确管理责任。总承包企业是建筑工人实名制管理的主体,对所承接工程项目的建筑工人实名制管理负总责。应把其使用的劳务用工实名制与工资支付纳入本企业管理的范畴。要制定本企业建筑工人实名制管理制度,明确分管领导负责本企业所有施工项目部的实名制管理工作。建立以劳动工资部门、质量安全部门等为主的实名制管理机构,配备专(兼)职建筑工人实名制管理人员,明确管理责任。

2. 按项目所在地建筑工人实名制管理要求,以项目一线人员真实身份信息为基础,采集进入施工现场的建筑工人和项目管理人员的基本信息,并及时核实、实时更新。通过信息化手段将相关数据实时、准确、完整上传至相关部门的建筑工人实名制管理平台,接受相关部门的监督和检查,实施劳务用工规范化、动态化管理。

3. 落实用工实名制管理。应根据工程所在地的不同,调整和完善劳务分包管理办法,强化实名制管理的用工登记,真实完整记录建筑工人工作岗位、劳动合同签订情况、考勤、工资支付等从业信息,建立建筑工人实名制管理台账,切实提高劳务用工的管理水平。

4. 总承包企业在签订劳务分包合同后按规定应到建设主管部门备案。劳务分包合同须约定分包款支付时间、计价方法、计价标准和支付方式等内容,并按照合同约定支付劳务工资。

5. 制定突发事件应急预案。总承包企业应制定突发事件应急预案,成立相应的应急处置机构,及时处置拖欠工人工资事件,杜绝群体事件发生。

6. 总承包企业还要督促分包企业做好作业人员实名制管理工作。分包企业对其招用的建筑工人实名制管理负直接责任,配合总承包企业做好相关工作,自觉接受总承包企业的管理。

2.2.2 总承包企业项目部管理内容和重点

1. 项目负责人组织制定人员登记、考勤、工资发放等劳务用工管理相关制度。

2. 项目部要健全劳务用工管理网络,施工现场应以第二代身份证为基础核实采集本项目建筑工人基本信息,记录人员、技能、安全培育等情况,记录出勤、完工数量、工作质量和诚信评价等信息,负责现场专业作业人员实名制信息的登记与核实。

3. 项目部必须设置专职劳务员,明确其工作职责。劳务员在职权范围内负责施工现场劳务人员管理,如核对劳务工人身份证及其他证书的正确性、有效性等。

4. 项目部劳务员每天如实审查劳务工人出勤情况,每月将考勤表在施工现场公示,按规定向工程所在地建设主管部门和项目承包企业报告备案。

5. 项目部要及时掌握劳务各班组在现场的人员变动情况,督促劳务班组严格执行实名制劳务管理的有关规定。

6. 项目部应按规定在施工现场设立"劳务民工维权告示牌"公布相关劳务纠纷维权举报投诉方法，建立畅通的投诉举报渠道，明确受理人员，及时处理本项目部的各类投诉。

7. 项目竣工或分包合同终止后，项目部要做好《分包人员花名册》《分包人员考勤表》《分包人员工资明细表》等相关资料的签收、整理、汇总和存档工作。

2.2.3 建筑用工企业和用工企业项目部管理内容和管理重点

1. 按照"谁用工、谁管理"的原则，用工企业应当制定本单位建筑工人实名制的管理制度，履行与总承包企业合同中约定的管理义务。应及时把本企业的建筑工人信息和实名制台账，提交承包企业备案。

2. 用工企业必须与劳务工人签订劳动合同，按照劳动合同约定按时足额给工人发放工资。负责本单位派出劳务作业工人的日常管理。负责收集劳务人员身份证等证书的复印件，服从和配合总承包企业及项目部做好实名制管理工作。

3. 按照有关规定负责每天核对在项目部施工的人员出勤情况、记录人员变动情况，配合承包企业项目部进行的在册人员的确认和检查工作，配合解决班组人员有可能发生的内部矛盾或争议。

4. 项目竣工或分包合同终止后，用工企业项目负责人应按照分包合同约定与承包企业工程项目部结算劳务工程款，结清所有劳务费，在双方书面确认后方可退场。

2.2.4 建筑劳务队伍的选择

总承包施工企业在采购建筑劳务时一般有通过劳务招标的方法确定劳务队伍以及采用其他合法选择的方法选择劳务队伍两种形式。

建筑劳务分包招标是劳务采购的最主要手段，是参照工程量清单招标的模式，通过公开招标的形式把总承包或专业分包企业的承包或分包工程中的劳务作业，发包给具有相应施工劳务资格的企业完成的活动。有公开招标和邀请招标两种形式，实践中以邀请招标为多。

其他合法选择一般指：施工企业在长期合作的劳务队伍中选择劳务资质较高、内部管理较好，各方面合作良好的劳务队伍建立"合格劳务分包企业（队伍）名录"。然后根据项目性质不同、专业要求不同在"名录"中挑选，经过双向选择、谈判确定劳务企业（队伍）。

不管采用何种方法选择劳务队伍，都应优先选择以劳务作业为主的专业企业，或成建制的劳务队伍。劳务企业（队伍）对所属劳务工人的安全、文明、卫生管理情况和劳务队伍中技能工人的占比情况是施工承包企业选择劳务企业（队伍）的重要参考依据。施工总承包企业和工程项目用工必须核实所用建筑工人合法身份证明，用工劳务企业必须与劳务工人签订劳动合同。

建筑劳务工人自主选用用工企业的，在双向选择意见一致的情况下，有效证明其真实身份后既可以与劳务企业、专业作业企业签订劳动合同，也可以直接与工程总承包、施工总承包、专业承包企业签订劳动合同。

2.2.5 建筑工人实名制信息的登记采集

1. 建筑工人实名制信息平台的建立

为便于在全国开展建筑工人实名制管理，住房和城乡建设部 2018 年 11 月 12 日正式启用了全国建筑工人管理服务信息平台。各地可以通过 jzgr.mohurd.gov.cn 域名访问平台，也可以通过点击住房和城乡建设部门户网站主页"全国建筑市场监管公共服务平台"下的"建筑工人"栏目链接访问平台。

住房和城乡建设部要求各省级住房城乡建设主管部门要加快推进本地区平台建设，完善相关管理制度，制定工作措施，加强建筑工人实名制管理，及时记录建筑工人的身份信息、培训情况、职业技能、从业记录等信息，逐步实现本地区房屋建筑和市政基础设施工程建设领域建设项目全覆盖。

对于暂未完成平台建设的地区，可暂时使用住房和城乡建设部开发建设的平台进行管理。各地按照《全国建筑工人管理服务信息平台数据标准（试行）》要求组织开展本地区平台建设，并按照《全国建筑工人管理服务信息平台数据接口标准（试行）》要求于 2019 年 6 月 30 日前实现与全国平台中央数据库的互联共享。要将平台建设和日常管理工作相结合，结合本地实际完善平台功能，丰富业务应用，实现本地区范围内数据互联共享，并确保数据的安全、准确、完整、及时。

各级住房和城乡建设主管部门、人力资源社会保障部门、建筑企业、系统平台开发应用等单位应制定制度，采取措施，确保建筑工人实名制管理相关数据信息安全，以及建筑工人实名制信息的真实性、完整性，不得漏报、瞒报。

2. 建筑工人信息采集和要求

建筑工人实名制管理信息系统应统一使用住房和城乡建设主管部门发布的数据格式和接口标准，并能在全国范围内实现实时数据共享。

总承包企业应以建筑工人真实身份信息为基础，采集进入施工现场的建筑工人和项目管理人员的基本信息，并及时核实、实时更新；真实完整记录建筑工人工作岗位、劳动合同签订情况、考勤、工资支付等从业信息，建立建筑工人实名制管理台账；按项目所在地建筑工人实名制管理要求，将采集的建筑工人信息及时上传相关部门。

建筑工人进场施工前，总承包企业应录入本企业或本项目的建筑工人实名制名册。实名制登录采集的主要依据是第二代身份证，因此建筑工人必须提供本人的第二代身份证原件。若有文化学历证、技能证、健康体检和曾经的优良表现奖励等资料的也应提供原件一并采录。

每个工程项目都应安排劳务员负责登记采集建筑工人的基本身份信息、培训和技能状况、从业经历、考勤记录、诚信信息、工资支付表编制并明确工资发放方式等情况。

总承包企业收到专业分包企业和用工企业上报的实名制资料后应该对资料内容进行核实，若有差错退还修正，更正后重新采集，确保实名制信息的真实性、完整性。

采集建筑工人实名制管理基本内容信息后，制作本项目建筑工人实名制卡，在方便实名制管理的同时提升实名制管理水平。将建筑工人实名制卡和建设网络系统数据库实现紧密衔接，在工程项目现场实现项目人员人手一卡，并且其信息可以自动显示。

2.2.6　建筑工人实名制用工管理

管理是指管理者经济、有效地运用组织的各种资源，通过计划、组织、指挥、协调和控制等一系列行为活动使组织达到某种目的的过程，管理的核心是处理各种人际关系。建筑工人实名制管理以"管人"为核心、以工人工资分账管理为抓手，以信息化系统为载体，促进安全生产和工程质量水平的提高，规范建筑市场施工企业的用工行为。通过加强建设工程施工现场管理人员及建筑工人的动态管理，充分发挥建筑企业质量安全的主体责任，能够更好地落实施工现场作业人员的教育、管理和服务等各项工作，有效防范建筑企业与工人工资薪酬、工伤保险等各类纠纷，进一步维护建筑从业人员社会保障权益和社会稳定。

建筑企业应配备实现建筑工人实名制管理所必需的硬件设施设备，施工现场原则上实施封闭式管理，设立进出场门禁系统，采用人脸、指纹、虹膜等生物识别技术进行电子打卡；不具备封闭式管理条件的工程项目，应采用移动定位、电子围栏等技术实施考勤管理。相关电子考勤和图像、影像等电子档案保存期限不少于2年。

建筑企业应依法按劳动合同约定，通过农民工工资专用账户按月足额将工资直接发放给建筑工人，并按规定在施工现场显著位置设置"建筑工人维权告示牌"，公开相关信息，保护工人合法权益。施工承包企业还要建立施工人员进出场登记制度和考勤计量、工资支付等管理台账，实行以用工备案表、考勤表、工资表为主要内容的劳务工人实名制管理办法，建立劳务工人劳动计酬手册，实时掌握施工现场用工及工人工资支付情况。

总承包企业需要大力推行实名制卡，当建筑工人在持卡进入建筑工地进行施工时，网络系统就能全面显示其个人信息。将微观管理与宏观管理实现有机结合，提升整体数据化、规范化的管理水平。施工现场作业工人在一个工程项目工作结束、离开项目前应上交实名制卡。

实行分包的工程项目，分包企业除严格落实实名制管理外，还应将现场劳务工人的相关资料报施工总承包企业核实、备查；施工总承包企业也应监督分包企业落实实名制管理，加强对分包企业劳动用工和工资发放的监督管理，确保工资支付到位，并留存相关资料。

建筑用工企业要落实与施工承包企业合同中约定的实名制管理义务，制定本企业建筑工人实名制管理制度，在工程项目现场配备专职实名制管理的劳务员，明确具体的工作职责，落实责任制，做好本企业派出的专业作业工人的日常管理工作，并按劳动合同约定发放工资，保障建筑工人合法权益。

建筑用工企业应规范实名制管理方式，强化现场管理。在施工生产的各个阶段的劳务用工信息有变更的要及时将变更的信息提供给总承包企业项目部，以便在实名制管理信息平台上进行实时更新，建立动态的实名制管理台账，及时准确地向建设行政主管部门上传相关信息，便于建设行政主管部门实施监管。实行在岗考勤、工资结算、教育培训、权益保障、信用管理等动态管理。

已录入全国建筑工人管理服务信息平台的建筑工人，1年以上（含1年）无数据更新的，再次从事建筑作业时，建筑企业应对其重新进行基本安全培训，记录相关信息，否则不得进入施工现场上岗作业。

未在全国建筑工人管理服务信息平台上登记，且未经过基本职业技能培训的建筑务工人员不得进入施工现场，建筑企业不得聘用其从事与建筑作业相关的活动。

实施建筑工人实名制管理所需费用可列入安全文明施工费和管理费。

2.2.7 用工培训和技能考核

建筑工人实名制管理可以有效建立以企业为主的劳务人员培训机制，强化企业的培训主体责任，有利于操作工人的教育培训工作的顺利开展。建筑承包企业要以保证施工质量安全、提高劳务队伍整体素质、促进建筑业农民工向技术工人转型为目的，全面组织开展劳务工人的教育培训。

总承包企业应该建立教育培训制度，按照各阶段进退场工人的不同情况落实培训工作，利用多种方法和形式对相对稳定的劳务作业人员进行质量安全教育和培训。企业管理层、项目部和班组这三级除了安全生产基本知识和操作技能的培训，还要在作业人员进场前、转岗、节假日、事故后，以及采用新材料、新设备、新技术时进行有针对性的质量、安全、施工工艺等培训。

劳务工人培训的内容应该涵盖四个方面：一是法律法规、职业道德和企业规章制度等内容的培训，目的在于使我们的劳务工人成为遵纪守法、遵守道德的公民；二是有关劳动合同、工伤保险等内容的培训，使他们懂得合同规则和如何保护自身的合法权益；三是质量意识和安全生产基本知识的培训，如三级安全教育培训等，以保证施工质量和安全生产方针的落实；四是针对不同工种不同对象不同施工阶段组织培训，如通过新工艺、新方法等操作培训提高劳务工人的技能水平。

教育培训和技能鉴定应该由总承包企业和用工企业共同组织，由于教育培训需要更加贴切项目施工情况，培训应以施工总承包企业为主，用工企业配合。双方的劳务合同中应该载明就工人教育培训的主要组织方和配合方，明确各自的责任、权利和义务。教育培训形式可以多种多样，如采用演讲、座谈、黑板报、企业报、网络新闻、录像等，通过条文讲解、案例分析、身边典型案例甚至操作演示等方法达到教育培训的效果。

建筑企业对自有劳务人员的技能和岗位培训负责，实施全员培训、持证上岗。

健全建筑业职业技能标准体系，全面实施建筑业技术工人职业技能鉴定制度。建筑工人实名制管理实施中，建筑施工企业应该全面实施建筑业技术工人职业技能鉴定制度。企业可以通过参加地方建设行政主管部门和政府其他部门以及相关行业协会等组织的技能竞赛给获得名次或者受到表彰的员工报请有关部门认定技能；也可以委托有关培训鉴定机构为员工的技能给予鉴定；特种作业人员须通过省建设行政主管部门认定的考核单位考核鉴定。通过经常性的技能鉴定，在劳务工人队伍中形成积极参加专业知识学习，踊跃提高技能水平的良好氛围，整体提升劳务队伍的知识水平和操作能力。

用工企业应该建立内部职业技能水平等级与基本工资挂钩制度，惠及有文化、有知识、有技术、努力勤奋工作的工人。

第3节 工资薪酬和社会保险

2.3.1 工资薪酬管理

一段时间以来，不规范的建筑劳务工人的工资发放一直是很多建筑施工企业的通病。有些企业采用内部承包的方式确定班组的承包款，由工程承包人或班组长直接对工人进行管理，包括确定工资标准、实施考勤和发放工资。企业和项目部对工人的工资标准、实际出勤情况和工资发放情况不能完全掌握，给工程承包人或班组长的牟取私利制造可乘之机。一些工程承包人或班组长借企业的管理漏洞拖欠、克扣工人工资，工人权益难以得到保障。另一方面，一些工程承包人或班组长与项目部发生经济纠纷后，往往会借工人工资被拖欠之名，鼓动工人闹事讨要承包款。工资纠纷是企业与劳务工人各类纠纷之最，此类纠纷发生后，不少企业由于劳务用工不规范，无法对工人工资发放进行举证，最终不得不超额支付承包款和工人工资，企业权益同样难以得到保障。

《国务院办公厅关于促进建筑业持续健康发展的意见》明确指出，建筑工人工资支付按照"谁用工谁负责和总承包负总责"的原则，落实企业工资支付责任。实行建筑工人实名制管理，用工企业同工人依法签订"劳动合同"，以工人工资分账管理为抓手，以信息化系统为载体，能有效避免企业与工人的工资纠纷，保障劳务工人和企业的利益。

施工总承包企业、各分包企业以及用工企业都应该建立完善的劳务工人工资发放管理制度和工资发放台账。有条件的企业可在有关银行开设"劳务工人工资专用账户"，也可以委托银行代发劳务工资。用工企业必须每月按时足额给工人发放工资，工人工资必须经本人凭本人身份证和实名制卡并且签字后直接发给劳动者本人。不得将工人工资直接发放给劳务队伍中的"包工头"或其他不具备用工主体资格的组织和个人后转发，不得收集劳务工人的工资卡代领工资。

用工企业每月要将薪酬情况报总承包企业，有总承包企业记录在信息平台上，随时备查，如果发生工人工资拖欠，用工企业将很快受到有关部门的监管。

劳务作业工人退场后，项目部应及时在人员花名册上注明其离场时间，并在工资表上注明工资结算情况，报企业的同时上传信息平台。

2.3.2 社会保险管理

建筑工人实名制管理以后，用工企业同工人依法签订"劳动合同"，劳务队伍相对稳定，劳务工人管理更趋规范，用人单位也能规范性地按有关法规和规章要求为劳务工人缴纳社会保险。

人力资源社会保障部、住房和城乡建设部、安全监管总局和全国总工会等国家四部门在2014年发文《关于进一步做好建筑业工伤保险工作的意见》（以下简称《意见》）指出："建设工程社会保险费是工程造价的组成部分，是企业为职工缴纳养老保险、医疗保险、失业保险、工伤保险和生育保险等社会保障方面的费用，在项目费用组成中属于规费，系不可竞争费用"。"建立健全与建筑业相适应的社会保险参保缴费方式，大力推进建筑施工单位参加工伤保险。这不仅是当前工伤保险方面的中心任务，也是促进建筑业持续健康发展、保护建筑业从业工人合法权益的重要举措"。

建筑业属于工伤风险较高行业，又是农民工集中的行业，工伤保险待遇落实难的问题突出，工伤维权已成为建筑领域从业人员最关心、最迫切的问题之一。针对建筑行业的特点，工伤保险十分重要，建筑施工企业对相对固定的职工，应按用人单位参加工伤保险；对不能按用人单位参保的，尤其是对农民工，要按项目参加工伤保险。《关于进一步做好建筑业工伤保险工作的意见》进一步指出：建设单位在办理施工许可手续时，应当提交建设项目工伤保险参保证明，作为保证工程安全施工的具体措施之一；安全施工措施未落实的项目，各地住房城乡建设主管部门不予核发施工许可证。

对于工伤保险费的计缴方式，《意见》明确按用人单位参保的，应以工资总额为基数依法缴纳工伤保险费；以建设项目为单位参保的，可以按照项目工程总造价的一定比例计算缴纳工伤保险费。针对建筑业工资收入分配的特点，对相关工伤保险待遇中难以按本人工资作为计发基数的，可以参照统筹地区上年度职工平均工资作为计发基数。

建筑企业应依法与其职工签订劳动合同，加强施工现场劳务用工管理。施工总承包单位应当在工程项目施工期内督促专业承包单位、劳务分包单位建立职工花名册、考勤记录、工资发放表等台账，对项目施工期内全部施工人员实行动态实名制管理。施工人员发生工伤后，以劳动合同为基础确认劳动关系，工伤人依法享受参保职工的各项工伤保险待遇。对未签订劳动合同的，由人力资源社会保障部门参照工资支付凭证或记录、工作证、招工登记表、考勤记录及其他劳动者证言等证据，确认事实劳动关系。

第 4 节　全国建筑工人管理服务信息平台数据标准

2.4.1　总则

为建立全国建筑工人管理服务信息平台，统一全国建筑工人实名数据标准，实现全国监管与诚信信息数据互联共享，制定本标准。

本标准适用于全国建筑工人管理服务信息平台、各地区政府监管部门及各建筑总包企业自建劳务系统的信息数据。

全国建筑工人管理服务信息平台的信息数据除符合本标准要求外，还应符合国家现行有关标准的规定。

各地区政府监管部门及建筑总包企业自建劳务系统的信息数据可通过全国建筑工人管理服务信息平台提供的开放式服务接口平台（OpenAPI），基于本数据标准将数据上传至全国建筑工人管理服务信息平台或者从平台下载数据。

2.4.2　术语和定义

1. 对象名

即数据对象的名称，是按照某种共同的属性对数据进行的分类。

2. 定义说明

字段：描述某一特定内容或形式特征的信息。

字段名称：标识一类数据信息的名称。

字段代码：对某一要素个体进行唯一标识的代码。

字段类型：各字段对应内容的数据类型。

字段长度：数据字段中可存放数据的最大字节数。

小数位数：数值型字段的小数位数。

约束条件：字段填写遵守的前提条件，M 为必填字段，O 为非必填字段，C 为符合条件时必选。

备注：对字段的补充描述。

3. 缩略语说明

CHAR：定长字符型数据，数据长度参见类型后括号内的数字。

VARCHAR：非定长字符型数据，最大数据长度参见类型后括号内的数字。

NVARCHAR：非定长 Unicode 字符型数据，最大数据长度参见类型后括号内的数字。

INT：整型数据。

DECIMAL：浮点型数据，数据长度不包含小数点"."的位数，前面一位数字表示数字总长度，逗号后的数字表示小数位数。

DATETIME：日期型数据。

2.4.3 基本规定

（1）本标准规定的数据来源于全国建筑工人管理服务信息平台。

（2）各地区政府监管部门及各建筑总承包方在建立自有劳务管理系统时，所管理的信息数据可多于本标准规定的数据。

（3）各地区政府监管部门及各建筑总承包方在建立自有劳务管理系统将按照标准中规定的数据，通过开放式服务接口平台进行归集，并实时动态更新至全国建筑工人管理服务信息平台，以便在全国范围内共享使用。

（4）本标准所涉及的省（自治区、直辖市）、地（市、州、盟）、县（区、市、旗）等行政区划名称及代码与《中华人民共和国行政区划代码》GB/T 2260—2015 规定相一致。如遇国标发布后新调整的行政区划名称及代码，以国家统计局公布的"最新县及县以上行政区划代码"为准。

（5）本标准所涉及的世界各国和地区名称及代码与《世界各国和地区名称代码》GB/T 2659—2000 规定相一致。

本标准中的人员身份证号码符合《公民身份号码》GB 11643—1999 的规定。

2.4.4 编码规则

1. 项目编码

第三方调用全国建筑工人管理服务信息平台 OpenAPI 上传项目时，平台将根据编码规则为项目创建一个编码并返回该编码。

项目编码是工程项目在信息系统中判断唯一性的标识编码。全国建筑工人管理服务信息平台上创建的项目编码由 18~20 位数字组成，其结构定义如下：

项目编码＝6 位行政区码＋6 位当前日期＋2 位分类编码＋4 位序列码，如：610000160325010001；如果 4 位序列码不够用，则用五位序列码，最多不超过 6 位序列码，支持一个行政区每天每个分类产生 60 万个项目。

2. 工资单编码

如果是在全国建筑工人管理服务信息平台中进行创建，可直接得到工资单编号；如果是第三方劳务系统与平台对接创建工资单后，由平台返回该编码。其结构定义如下：

P＋yyyyMMddHHmm（上传时间）＋yyyyMM（工资发放月份）＋3 位序列号

如：P201806300930201805001。

2.4.5 数据标准

数据标准中所有数据表均包含创建人，创建时间，编辑人，编辑时间四个字段，如下所示：

表 2-1

字段名称	字段代码	字段类型	是否必填	备注说明
创建人	InUserName	NVARCHAR(40)	M	
创建时间	InDate	DATETIME	M	
编辑人	EditUserName	NVARCHAR(40)	M	
编辑时间	EditDate	DATETIME	M	

1. 企业数据标准

（1）企业基本信息数据表（对象名：CorpBasicInfo）

表 2-2

字段名称	字段代码	字段类型	是否必填	备注说明
统一社会信用代码	CorpCode	VARCHAR(18)	M	如果无统一社会信用代码,则填写组织机构代码
企业名称	CorpName	NVARCHAR(200)	M	
企业登记注册类型	CorpType	CHAR(3)	O	参考数据字典:企业登记注册类型字典表
工商营业执照注册号	LicenseNum	VARCHAR(50)	O	
注册地区编码	AreaCode	VARCHAR(6)	M	参考数据字典:行政区划字典表
企业营业地址	Address	VARCHAR(200)	M	
邮政编码	ZipCode	VARCHAR(6)	O	
法定代表人姓名	LegalMan	NVARCHAR(50)	O	
法定代表人职务	LegalManDuty	NVARCHAR(50)	O	
法定代表人职称	LegaManProTitle	NVARCHAR(50)	O	
法定代表人证件类型	LegalManIDCardType	CHAR(2)	O	参考数据字典:人员证件类型字典表
法定代表人证件号码	LegalManIDCardNumber	VARCHAR(30)	O	
注册资本	RegCapital	DECIMAL(18,4)	O	单位:万元
实收资本	FactRegCapital	DECIMAL(18,4)	O	单位:万元
资本币种	CapitalCurrencyType	INT	O	参考数据字典:币种字典表
注册日期	RegisterDate	DATETIME	M	精确到天,格式:yyyy-MM-dd
成立日期	EstablishDate	DATETIME	O	精确到天,格式:yyyy-MM-dd
办公电话	OfficePhone	VARCHAR(20)	O	
传真号码	FaxNumber	VARCHAR(20)	O	
联系人姓名	LinkMan	NVARCHAR(50)	O	
联系人电话	LinkPhone	VARCHAR(50)	O	
企业邮箱	Email	VARCHAR(100)	O	
企业网址	WebSite	VARCHAR(200)	O	

（2）企业资质数据表（对象名：CorpCertInfo）

表 2-3

字段名称	字段代码	字段类型	是否必填	备注说明
统一社会信用代码	CorpCode	VARCHAR(18)	M	如果无统一社会信用代码,则填写组织机构代码
企业名称	CorpName	NVARCHAR(200)	M	
资质资格类型	CertTypeNum	INT	M	参考数据字典:企业资质资格类型字典表
证书编号	CertID	VARCHAR(100)	M	

续表

字段名称	字段代码	字段类型	是否必填	备注说明
专业类别	TradeBoundNum	INT	M	参考企业资质资格专业类别字典表
专业子项	TradeTypeBoundChildMark	NVARCHAR(100)	O	
资质资格等级	TitleLevelNum	INT	M	参考企业资质等级字典表
批准资质资格内容	Mark	NVARCHAR(500)	M	该资质的打印内容
资质资格限定内容	LimitContent	NVARCHAR(200)	O	
首次批准资质资格文号	NoteNumber	VARCHAR(100)	O	
首次批准资质资格日期	NoteDate	DATETIME	M	
资质资格取得方式	AddTypeNum	CHAR(3)	M	参考企业资质取得方式字典表
资质资格状态	CertTradeStatusNum	CHAR(3)	M	参考企业资质状态字典
资质资格状态变更时间	CertTradeModifyDate	DATETIME	O	
资质资格状态变更原因	CertTradeModifyMark	NVARCHAR(500)	O	资质资格降级、暂扣、注销的原因

（3）企业职员数据表（对象名：CorpEmployee）

表 2-4

字段名称	字段代码	字段类型	是否必填	备注说明
企业统一社会信用代码	CorpCode	VARCHAR(18)	M	班组所在所属企业统一社会信用代码,如果无统一社会信用代码,则填写组织机构代码
企业名称	CorpName	NVARCHAR(200)	M	班组所在企业名称
员工姓名	WorkerName	NVARCHAR(50)	M	
证件类型	IDCardType	CHAR(2)	M	参考数据字典:人员证件类型字典表
证件号码	IDCardNumber	VARCHAR(30)	M	
岗位类型	JobType	INT	M	参见数据字典:岗位类型字典表
状态	Status	INT	M	参考数据字典:职员状态字典表

2. 项目数据标准

（1）项目基本信息数据表（对象名：ProjectInfo）

表 2-5

字段名称	字段代码	字段类型	是否必填	备注说明
项目编码	Code	VARCHAR(20)	M	参考编码规则:项目编码
总承包单位统一社会信用代码	ContractorCorpCode	VARCHAR(18)	M	如果无统一社会信用代码,则填写组织机构代码
总承包单位名称	ContractorCorpName	NVARCHAR(200)	M	
项目名称	Name	NVARCHAR(200)	M	
项目简介	Description	NVARCHAR(1000)	O	

续表

字段名称	字段代码	字段类型	是否必填	备注说明
项目分类	Category	CHAR(2)	M	参考项目分类字典表
建设单位名称	BuildCorpName	NVARCHAR(200)	O	
建设单位统一社会信用代码	BuildCorpCode	VARCHAR(18)	O	如果无统一社会信用代码,则填写组织机构代码
建设用地规划许可证编号	BuildPlanNum	VARCHAR(50)	O	
建设工程规划许可证编号	PrjPlanNum	VARCHAR(50)	O	
项目所在地	AreaCode	VARCHAR(6)	M	参考数据字典:行政区划字典表
总投资	Invest	DECIMAL(18,6)	O	单位:万元
总面积	BuildingArea	DECIMAL(18,2)	O	单位:平方米
总长度	BuildingLength	DECIMAL(18,2)	O	单位:米
开工日期	StartDate	DATETIME	O	精确到天,格式:yyyy-MM-dd
竣工日期	CompleteDate	DATETIME	O	精确到天,格式:yyyy-MM-dd,对于未竣工项目,该字段名为"计划竣工日期"
联系人姓名	LinkMan	NVARCHAR(50)	O	
联系人电话	LinkPhone	VARCHAR(50)	O	
项目状态	PrjStatus	CHAR(3)	M	参考数据字典:项目状态字典表
经度	Lng	DECIMAL(18,15)	O	WGS84 经度
纬度	Lat	DECIMAL(18,15)	O	WGS84 纬度
项目地址	Address	NVARCHAR(200)	O	
立项文号	ApprovalNum	NVARCHAR(50)	O	
立项级别	ApprovalLevelNum	CHAR(3)	O	参考数据字典:立项级别字典表
建设规模	PrjSize	CHAR(3)	O	参考数据字典:建设规模字典表
建设性质	PropertyNum	CHAR(3)	O	参考数据字典:建设性质分类字典表
工程用途	PrjNum	CHAR(3)	O	参考数据字典:工程用途字典表
国籍或地区	NationNum	CHAR(3)	O	参考数据字典:国籍及地区字典表
第三方项目编码	ThirdPartyProjectCode	VARCHAR(50)	O	第三方平台为项目创建的编码,同一个系统不能重复编码

(2) 项目施工许可证数据表(对象名:ProjectBuilderLicense)

表 2-6

字段名称	字段代码	字段类型	是否必填	备注说明
项目编码	ProjectCode	VARCHAR(20)	M	
工程名称	PrjName	NVARCHAR(200)	M	
施工许可证号	BuilderLicenseNum	NVARCHAR(50)	M	

(3) 项目参建单位信息数据表(对象名:ProjectCorpInfo)

表 2-7

字段名称	字段代码	字段类型	是否必填	备注说明
项目编码	ProjectCode	VARCHAR(20)	M	
参建企业统一社会信用代码	CorpCode	VARCHAR(18)	M	如果无统一社会信用代码,则填写组织机构代码
参建企业名称	CorpName	NVARCHAR(200)	M	
参建企业类型	CorpType	VARCHAR(6)	M	参考数据字典:参建单位类型
进场时间	EntryTime	DATETIME	O	
退场时间	ExitTime	DATETIME	O	
项目经理名称	PMName	NVARCHAR(50)	O	
项目经理证件类型	PMIDCardType	CHAR(2)	O	参考数据字典:人员证件类型字典表
项目经理证件号码	PMIDCardNumber	VARCHAR(30)	O	
项目经理联系电话	PMPhone	VARCHAR(50)	O	
工资发放银行卡信息				参考数据表:银行卡信息表

(4) 项目参建单位-班组数据表(对象名:TeamMaster)

表 2-8

字段名称	字段代码	字段类型	是否必填	备注说明
班组编号	TeamSysNo	INT	O	班组编号,系统自增业务编号
项目编码	ProjectCode	VARCHAR(20)	M	
班组所在企业统一社会信用代码	CorpCode	VARCHAR(18)	M	如果无统一社会信用代码,则填写组织机构代码
班组所在企业名称	CorpName	NVARCHAR(200)	M	
班组名称	TeamName	NVARCHAR(100)	M	同一个项目上的班组名称不能重复
班组长姓名	TeamLeaderName	NVARCHAR(50)	O	
班组长联系电话	TeamLeaderPhone	VARCHAR(50)	O	
班组长证件类型	TeamLeaderIDCardType	CHAR(2)	O	参考数据字典:人员证件类型字典表

续表

字段名称	字段代码	字段类型	是否必填	备注说明
班组长证件号码	TeamLeaderIDNumber	VARCHAR(30)	O	
责任人姓名	ResponsiblePersonName	NVARCHAR(50)	O	班组所在企业负责人
责任人联系电话	ResponsiblePersonPhone	VARCHAR(50)	O	
责任人证件类型	ResponsiblePersonIDCardType	CHAR(2)	O	参考数据字典:人员证件类型字典表
责任人证件号码	ResponsiblePersonIDNumber	VARCHAR(30)	O	
备注	Remark	NVARCHAR(200)	O	
进场日期	EntryTime	DATETIME	O	
退场日期	ExitTime	DATETIME	O	
进场附件				参考数据标准:附件表
退场附件				参考数据标准:附件表

（5）项目参建单位-班组-人员数据表（对象名：ProjectWorker）

表2-9

字段名称	字段代码	字段类型	是否必填	备注说明
项目编码	ProjectCode	VARCHAR(20)	M	
企业统一社会信用代码	CorpCode	VARCHAR(18)	M	班组所在所属企业统一社会信用代码,如果无统一社会信用代码,则填写组织机构代码
企业名称	CorpName	NVARCHAR(200)	M	班组所在企业名称
班组编号	TeamSysNo	INT	M	
班组名称	TeamName	NVARCHAR(100)	M	
工人姓名	WorkerName	NVARCHAR(50)	M	
是否班组长	IsTeamLeader	TINYINT(1)	M	参考是否字典表
证件类型	IDCardType	CHAR(2)	M	参考数据字典:人员证件类型字典表
证件号码	IDCardNumber	VARCHAR(30)	M	
工种	WorkType	CHAR(4)	M	参考数据字典:工人工种字典表
工人类型	WorkerRole	INT	M	参考数据字典:工人类型字典表
进场时间	EntryTime	DATETIME	O	
退场时间	ExitTime	DATETIME	O	
进场确认附件	EntryAttachmentUrl	VARCHAR(300)	O	
退场确认附件	ExitAttachmentUrl	VARCHAR(300)	O	
制卡时间	IssueCardDate	DATETIME	O	
制卡采集照片	IssueCardPicUrl	VARCHAR(300)	O	

续表

字段名称	字段代码	字段类型	是否必填	备注说明
考勤卡号	CardNumber	VARCHAR(20)	O	
发放工资银行卡号	PayRollBankCardNumber	VARCHAR(30)	O	
发放工资银行名称	PayRollBankName	NVARCHAR(50)	O	
发放工资总行名称	PayRollTopBankName	NVARCHAR(50)	O	
工资卡银行联号	BankLinkNumber	VARCHAR(30)	O	
工资卡银行代码	PayRollTopBankCode	VARCHAR(4)	O	参考数据字典:银行代码字典表
是否有劳动合同	HasContract	TINYINT(1)	M	参考字典表:是否字典表
有无购买工伤或意外伤害保险	HasBuyInsurance	TINYINT(1)	M	参考字典表:是否字典表

（6）项目参建单位-班组-人员-进退场数据表（对象名：ProjectWorkerEntryExitHistory）

表 2-10

字段名称	字段代码	字段类型	是否必填	备注说明
项目编码	ProjectCode	VARCHAR(20)	M	
企业统一社会信用代码	CorpCode	VARCHAR(18)	M	班组所在所属企业统一社会信用代码,如果无统一社会信用代码,则填写组织机构代码
企业名称	CorpName	NVARCHAR(200)	M	
班组编号	TeamSysNo	INT	M	
证件类型	IDCardType	CHAR(2)	M	参考数据字典:人员证件类型字典表
证件号码	IDCardNumber	VARCHAR(30)	M	
时间	Date	DATETIME	M	
类型	Type	INT	M	参考数据字典:工人进退场类型字典表
凭证扫描件	VoucherUrl	VARCHAR(300)	O	

（7）项目参建单位-班组-人员-劳动合同数据表（对象名：WorkerContract）

表 2-11

字段名称	字段代码	字段类型	是否必填	备注说明
项目编码	ProjectCode	VARCHAR(20)	M	
所属企业统一社会信用代码	CorpCode	VARCHAR(18)	M	如果无统一社会信用代码,则填写组织机构代码
所属企业名称	CorpName	NVARCHAR(200)	M	
证件类型	IDCardType	CHAR(2)	M	参考数据字典:人员证件类型字典表
证件号码	IDCardNumber	VARCHAR(30)	M	
合同编号	ContractCode	VARCHAR(50)	M	工人劳动合同编号

续表

字段名称	字段代码	字段类型	是否必填	备注说明
合同期限类型	ContractPeriodType	INT	M	参考数据字典:合同期限类型字典表
开始日期	StartDate	DATETIME	O	固定期限合同是需要填写:yyyy-MM-DD
结束时期	EndDate	DATETIME	O	固定期限合同是需要填写:yyyy-MM-DD
计量单位	Unit	INT	O	参考数据字典:计量单位类型字典表
计量单价	UnitPrice	DECIMAL(18,2)	O	根据结算方式,对应的单价,单位:元
合同附件				参考附件表

(8) 项目参建单位-班组-人员-考勤数据表（对象名：WorkerAttendance）

表 2-12

字段名称	字段代码	字段类型	是否必填	备注说明
项目编码	ProjectCode	VARCHAR(20)	M	
班组编号	TeamSysNo	INT	M	工人所在班组的编号
班组名称	TeamName	NVARCHAR(100)	M	
证件类型	IDCardType	CHAR(2)	M	参考数据字典:人员证件类型字典表
证件号码	IDCardNumber	VARCHAR(30)	M	
考勤时间	Date	DATETIME	M	格式 yyyyMMddHHmmss
进出方向	Direction	CHAR(2)	M	参考数据字典:工人考勤方向字典表
刷卡近照	ImageURL	VARCHAR(100)	O	
通道	Channel	NVARCHAR(50)	O	
通行方式	AttendType	CHAR(3)	O	参考数据字典:工人通行方式字典表
经度	Lng	DECIMAL(18,15)	O	WGS84 经度
纬度	Lat	DECIMAL(18,15)	O	WGS84 纬度

(9) 项目参建单位-班组-人员-工资单数据表（对象名：PayRoll）

表 2-13

字段名称	字段代码	字段类型	是否必填	备注说明
工资单编号	SysNo	INT	O	自增业务编号
工资单编码	PayRollCode	CHAR(22)	O	参考编码规则:工资单编码
项目编码	ProjectCode	VARCHAR(20)	M	
所属企业统一社会信用代码	CorpCode	VARCHAR(18)	M	如果无统一社会信用代码,则填写组织机构代码

续表

字段名称	字段代码	字段类型	是否必填	备注说明
所属企业名称	CorpName	NVARCHAR(200)	M	
班组编号	TeamSysNo	INT	M	
发放工资的年月	PayMonth	DATETIME	M	格式:yyyy-MM
附件			O	参考附件表

(10) 项目参建单位-班组-人员-工资单明细数据表（对象名：PayRollDetail）

表2-14

字段名称	字段代码	字段类型	是否必填	备注说明
工资单编码	PayRollCode	CHAR(22)	M	关联工资单表中的工资单编码
工人姓名	WorkerName	NVARCHAR(50)	M	
证件类型	IDCardType	CHAR(2)	M	参考数据字典:人员证件类型字典表
证件号码	IDCardNumber	VARCHAR(30)	M	
出勤天数	Days	INT	O	
总工时	WorkHours	DECIMAL(5,2)	O	单位:小时
工人工资卡号	PayRollBankCardNumber	VARCHAR(30)	M	
工人工资卡银行代码	PayRollBankCode	VARCHAR(4)	M	
工人工资卡开户行名称	PayRollBankName	NVARCHAR(50)	M	
工资代发银行卡号	PayBankCardNumber	VARCHAR(30)	M	
工资代发银行代码	PayBankCode	VARCHAR(4)	M	
工资代发开户行名称	PayBankName	NVARCHAR(50)	M	
应发金额	TotalPayAmount	DECIMAL(16,2)	M	单位:元
实发金额	ActualAmount	DECIMAL(16,2)	M	单位:元
是否是补发	IsBackPay	TINYINT(1)	M	参考数据字典:是否字典表
发放日期	BalanceDate	DATETIME	M	
第三方工资单编号	ThirdPayRollCode	VARCHAR(50)	M	

(11) 项目培训基本信息数据表（对象名：ProjectTraining）

表2-15

字段名称	字段代码	字段类型	是否必填	备注说明
培训编号	SysNo	INT	O	自增业务编号
项目编码	ProjectCode	VARCHAR(20)	M	
培训日期	TrainingDate	DATETIME	M	yyyyMMdd
培训时长	TrainingDuration	DECIMAL(3,1)	M	单位:小时
课程名称	TrainingName	NVARCHAR(100)	M	
培训类型	TrainingTypeCode	CHAR(10)	M	参考数据字典:培训类型字典表

续表

字段名称	字段代码	字段类型	是否必填	备注说明
培训人	Trainer	NVARCHAR(40)	O	
培训机构	TrainingOrg	NVARCHAR(100)	O	
培训地址	TrainingAddress	NVARCHAR(200)	O	
培训简述	Description	NVARCHAR(500)	O	
培训附件			O	参考附件表

（12）项目培训详情数据表（对象名：ProjectTrainingDetail）

表 2-16

字段名称	字段代码	字段类型	是否必填	备注说明
培训编号	TrainingSysNo	INT	M	关联培训基本信息表中的培训编号
证件类型	IDCardType	CHAR(2)	M	参考数据字典：人员证件类型字典表
证件号码	IDCardNumber	VARCHAR(30)	M	
是否合格	IsPass	INT	M	参考字典表：是否字典表
培训得分	Score	DECIMAL(4,1)	O	培训得分，分值 0~100，可以保留 1 位小数

（13）项目职员数据表（对象名：ProjectEmployee）

表 2-17

字段名称	字段代码	字段类型	是否必填	备注说明
项目编码	ProjectCode	VARCHAR(20)	M	
企业统一社会信用代码	CorpCode	VARCHAR(18)	M	班组所在所属企业统一社会信用代码，如果无统一社会信用代码，则填写组织机构代码
企业名称	CorpName	NVARCHAR(200)	M	班组所在企业名称
员工姓名	WorkerName	NVARCHAR(50)	M	
证件类型	IDCardType	CHAR(2)	M	参考数据字典：人员证件类型字典表
证件号码	IDCardNumber	VARCHAR(30)	M	
岗位类型	JobType	INT	M	参见数据字典：岗位类型字典表
状态	Status	INT	M	参考数据字典：职员状态字典表

3. 人员数据标准

（1）人员实名信息数据表（对象名：WorkerInfo）

表 2-18

字段名称	字段代码	字段类型	是否必填	备注说明
工人姓名	Name	NVARCHAR(50)	M	

续表

字段名称	字段代码	字段类型	是否必填	备注说明
证件类型	IDCardType	CHAR(2)	M	参考数据字典:人员证件类型字典表
证件号码	IDCardNumber	VARCHAR(30)	M	
工人性别	Gender	INT	M	参考数据字典:性别字典表
民族	Nation	NVARCHAR(10)	M	身份证上民族信息,如,汉,回,藏等
学历	EduLevel	INT	O	参考数据字典:学历类型字典表
学位	Degree	INT	O	参考数据字典:学位类型字典表
类别	WorkerType	INT	O	参考数据字典:人员类别字典表
出生日期	Birthday	DATETIME	M	
籍贯	BirthPlaceCode	CHAR(6)	M	身份证号码前六位
住址	Address	NVARCHAR(200)	M	
头像	HeadImageUrl	VARCHAR(300)	M	二代身份证上面的头像,尺寸为358px×441px
政治面貌	PoliticsType	CHAR(2)	O	参考数据字典:政治面貌字典表
是否加入工会	IsJoined	TINYINT(1)	O	参考数据字典:是否字典表
加入工会时间	JoinedTime	DATETIME	O	已加入工会时,此字段必须有值
手机号码	CellPhone	VARCHAR(20)	M	
文化程度	CultureLevelType	CHAR(2)	O	参考数据字典:文化程度字典表
特长	Specialty	NVARCHAR(200)	O	
是否有重大病史	HasBadMedicalHistory	TINYINT(1)	M	参考数据字典:是否字典表
紧急联系人姓名	UrgentLinkMan	VARCHAR(50)	O	
紧急联系电话	UrgentLinkManPhone	VARCHAR(50)	O	
当前工种	WorkTypeCode	CHAR(4)	M	参考数据字典:工人工种字典表
当前聘用企业	WorkCorpName	NVARCHAR(200)	O	
开始工作日期	WorkDate	DATETIME	O	精确到月,格式:yyyy-MM
婚姻状况	MaritalStatus	CHAR(2)	O	参考数据字典:婚姻状况字典表
发证机关	GrantOrg	VARCHAR(20)	M	
正面照 URL	PositiveIDCardImageUrl	VARCHAR(300)	O	
反面照 URL	NegativeIDCardImageUrl	VARCHAR(300)	O	
有效期开始日期	StartDate	DATETIME	O	证件有效期开始日期
有效期结束日期	ExpiryDate	DATETIME	O	证件有效期结束日期

(2) 人员资质数据表（对象名：PersonCredential）

表 2-19

字段名称	字段代码	字段类型	是否必填	备注说明
工人姓名	Name	NVARCHAR(50)	M	

续表

字段名称	字段代码	字段类型	是否必填	备注说明
证件类型	IDCardType	CHAR(2)	M	参考数据字典:人员证件类型字典表
证件号码	IDCardNumber	VARCHAR(30)	M	
证书种类	CertificationCategoriesType	INT	M	参考数据字典:人员证书种类字典表
证书类型	CertificationType	VARCHAR(10)	M	参考数据字典:人员证书类型相关字典表
证书类型名称	CertificationTypeName	NVARCHAR(50)	M	
证书等级	CredentialLevelType	VARCHAR(10)	O	参见人员资质等级相关字典表
证书等级名称	CredentialLevelTypeName	NVARCHAR(50)	M	
证书名称	CertificationName	NVARCHAR(50)	M	
证书编号	CertificationCode	VARCHAR(100)	M	
认定部门	ConfirmOrganization	NVARCHAR(100)	O	
岗位类型	JobType	INT	O	参见数据字典:岗位类型字典表
岗位名称	JobTitle	NVARCHAR(50)	O	
第一次发证时间	FirstBeginDate	DATETIME	O	
证书有效时间(起)	ValidBeginDate	DATETIME	M	
证书有效时间(止)	ValidEndDate	DATETIME	M	
发证机关	GrantOrg	NVARCHAR(50)	M	
工作单位	WorkCorpName	NVARCHAR(50)	O	
资质证书状态	CertificationStatus	INT	M	参见资质证书状态字典表

(3) 人员注册信息数据表(对象名：PersonRegisterInfo)

表 2-20

字段名称	字段代码	字段类型	是否必填	备注说明
工人姓名	PersonName	NVARCHAR(50)	M	
证件类型	IDCardType	CHAR(2)	M	参考数据字典:人员证件类型字典表
证件号码	IDCardNumber	VARCHAR(30)	M	
学历	EduLevel	INT	M	参考数据字典:学历类型字典表
学位	Degree	INT	M	参考数据字典:学位类型字典表
注册类型及等级	RegisterType	INT	M	参见数据字典:注册类型及等级字典表
注册证书编号	CertificationCode	VARCHAR(20)	M	
注册有效期	EffectDate	DateTime	M	
发证单位	AwardDepart	NVARCHAR(200)	M	
发证日期	AwardDate	DateTime	M	

续表

字段名称	字段代码	字段类型	是否必填	备注说明
执业印章号	StampNum	VARCHAR(50)	M	
所在企业行业类型	CallingType	INT	M	参见数据字典:注册人员所在企业的行业类型字典表
所在企业组织机构代码	CorpCode	VARCHAR(18)	M	如果无统一社会信用代码,则填写组织机构代码
所在企业名称	CorpName	NVARCHAR(200)	M	
所在企业证书编号	CorpCertID	VARCHAR(50)	M	
注册专业1	Regspec1	NVARCHAR(50)	O	注册监理工程师才有
注册专业2	Regspec2	NVARCHAR(50)	O	注册监理工程师才有
执业资格状态	QState	INT	M	参见数据字典:注册人员执业资格状态字典表

(4) 人员注册变更数据表（对象名：PersonRegisterChange）

表 2-21

字段名称	字段代码	字段类型	是否必填	备注说明
工人姓名	PersonName	NVARCHAR(50)	M	
证件类型	IDCardType	CHAR(2)	M	参考数据字典:人员证件类型字典表
证件号码	IDCardNumber	VARCHAR(30)	M	
原所在企业统一社会信用代码	OldCorpCode	VARCHAR(18)	M	如果无统一社会信用代码,则填写组织机构代码
原所在企业名称	OldCorpName	NVARCHAR(200)	M	
原执业印章号	OldStampNum	VARCHAR(50)	M	
现所在企业统一社会信用代码	CorpCode	VARCHAR(18)	M	如果无统一社会信用代码,则填写组织机构代码
现所在企业名称	CorpName	NVARCHAR(200)	M	
现执业印章号	OldStampNum	VARCHAR(50)	M	
变更时间	ChangeDate	DATETIME	M	

(5) 人员注册专业数据表（对象名：PersonRegisterProfession）

表 2-22

字段名称	字段代码	字段类型	是否必填	备注说明
工人姓名	PersonName	NVARCHAR(50)	M	
证件类型	IDCardType	CHAR(2)	M	参考数据字典:人员证件类型字典表
证件号码	IDCardNumber	VARCHAR(30)	M	
注册类型及等级	RegisterType	INT	M	参见数据字典:注册类型及等级字典表
注册专业编号	ProfessionID	INT	M	

续表

字段名称	字段代码	字段类型	是否必填	备注说明
专业名称	ProfessionName	NVARCHAR(100)	M	
开始时间	BeginDate	DATETIME	M	
截止时间	EndDate	DATETIME	M	

4. 信用数据标准

（1）企业不良行为信息数据表（对象名：CorpBadCreditInfo）

表 2-23

字段名称	字段代码	字段类型	是否必填	备注说明
统一社会信用代码	CorpCode	VARCHAR(18)	M	如果无统一社会信用代码，则填写组织机构代码
企业名称	CorpName	NVARCHAR(200)	M	
登记部门	CreateDepName	NVARCHAR(200)	M	
登记人姓名	CreateUserName	NVARCHAR(50)	M	
登记日期	CreateDate	DATETIME	M	
不良行为类别	CreditType	VARCHAR(20)	M	参考企业不良行为字典表
不良行为代码	CreditCode	VARCHAR(500)	M	参考企业不良行为字典表
不良行为描述	Content	VARCHAR(500)	M	参考企业不良行为字典表
不良行为发生日期	HappenDate	DATETIME	M	
不良行为发生地行政区划	RegionNO	CHAR(6)	O	参考行政区划字典表
项目编码	ProjectCode	VARCHAR(20)	O	
处罚部门	DepartName	NVARCHAR(200)	M	
处罚部门级别	DepartTypeID	INT	M	参考认定部门级别字典表
处罚依据	PunishEvidence	NVARCHAR(1000)	M	参考企业不良行为字典表
处罚决定内容	Mark	NVARCHAR(1000)	M	
处罚决定文号	FileNum	VARCHAR(200)	O	
处罚日期	PunishDate	DATETIME	M	
处罚截止日期	PunishEDate	DATETIME	O	

（2）企业良好行为信息数据表（对象名：CorpGoodCreditInfo）

表 2-24

字段名称	字段代码	字段类型	是否必填	备注说明
统一社会信用代码	CorpCode	VARCHAR(18)	M	如果无统一社会信用代码，则填写组织机构代码
企业名称	CorpName	NVARCHAR(200)	M	
登记部门	CreateDepName	VARCHAR(200)	M	
登记人	CreateUserName	VARCHAR(50)	M	
登记日期	CreateDate	DATETIME	M	

续表

字段名称	字段代码	字段类型	是否必填	备注说明
良好行为描述	Content	VARCHAR(1000)	M	
良好行为发生日期	HappenDate	DATETIME	M	
良好行为发生地行政区划	RegionNO	CHAR(6)	O	参考行政区划字典表
项目编码	ProjectCode	VARCHAR(20)	O	
奖励部门	AwardDepartMent	VARCHAR(200)	O	
奖励部门级别	AwardDepartLevel	INT	O	参考认定部门级别字典表
奖励决定内容	Mark	VARCHAR(1000)	M	
奖励决定文号	FileNum	VARCHAR(200)	O	
奖励日期	PraiseDate	DATETIME	O	

（3）企业黑名单信息数据表（对象名：CorpBackList）

表 2-25

字段名称	字段代码	字段类型	是否必填	备注说明
统一社会信用代码	CorpCode	VARCHAR(18)	M	
企业名称	CorpName	NVARCHAR(200)	M	
登记日期	CreateDate	DATETIME	M	
市场主体类别	MarketType	INT	M	参考市场主体类别字典表
失信行为描述	DishonestyDescription	VARCHAR(1000)	M	
认定部门	CognizanceDepartment	VARCHAR(200)	M	
列入黑名单日期	BlacklistBDate	DATETIME	M	
移出黑名单日期	BlacklistEDate	DATETIME	M	

（4）人员不良行为信息数据表（对象名：PersonBadCreditInfo）

表 2-26

字段名称	字段代码	字段类型	是否必填	备注说明
姓名	PersonName	VARCHAR(50)	M	
证件类型	IDCardType	CHAR(2)	M	参考数据字典：人员证件类型字典表
证件号码	IDCardNumber	VARCHAR(30)	M	
所在企业统一社会信用代码	CorpCode	VARCHAR(18)	M	如果无统一社会信用代码，则填写组织机构代码
所在企业名称	CorpName	NVARCHAR(200)	M	
登记部门	CreateDepName	NVARCHAR(200)	M	
登记人姓名	CreateUserName	NVARCHAR(50)	M	
登记日期	CreateDate	DATETIME	M	
不良行为类别	CreditType	VARCHAR(20)	M	参考人员不良行为字典表

续表

字段名称	字段代码	字段类型	是否必填	备注说明
不良行为代码	CreditCode	NVARCHAR(500)	M	参考人员不良行为字典表
不良行为描述	Content	NVARCHAR(1000)	M	参考人员不良行为字典表
不良行为发生日期	HappenDate	DATETIME	M	
不良行为发生地行政区划	RegionNO	CHAR(6)	O	参考行政区划字典表
项目编码	ProjectCode	VARCHAR(20)	O	
处罚部门	DepartName	NVARCHAR(200)	M	
处罚部门级别	DepartTypeID	INT	M	参考认定部门级别字典表
处罚依据	PunishEvidence	NVARCHAR(1000)	M	参考人员不良行为字典表
处罚决定内容	Mark	NVARCHAR(1000)	M	
处罚决定文号	FileNum	VARCHAR(200)	O	
处罚日期	PunishDate	DATETIME	M	
处罚截止日期	PunishEDate	DATETIME	M	

（5）人员良好行为信息数据表（对象名：PersonGoodCreditInfo）

表 2-27

字段名称	字段代码	字段类型	是否必填	备注说明
姓名	PersonName	VARCHAR(50)	M	
证件类型	IDCardType	CHAR(2)	M	参考数据字典：人员证件类型字典表
证件号码	IDCardNumber	VARCHAR(30)	M	
所在企业统一社会信用代码	CorpCode	VARCHAR(18)	M	如果无统一社会信用代码，则填写组织机构代码
所在企业名称	CorpName	NVARCHAR(200)	M	
登记部门	CreateDepName	NVARCHAR(200)	M	
登记人	CreateUserName	NVARCHAR(50)	M	
登记日期	CreateDate	DATETIME	M	
良好行为描述	Content	NVARCHAR(1000)	M	
良好行为发生日期	HappenDate	DATETIME	M	
良好行为发生地行政区划	RegionNO	CHAR(6)	O	参考行政区划字典表
项目编码	ProjectCode	VARCHAR(20)	O	
奖励部门	AwardDepartMent	NVARCHAR(200)	O	
奖励部门级别	AwardDepartLevel	INT	O	参考认定部门级别字典表
奖励决定内容	Mark	NVARCHAR(1000)	M	
奖励决定文号	FileNum	VARCHAR(200)	O	
奖励日期	FPraiseDate	DATETIME	O	

(6) 人员黑名单信息数据表（对象名：PersonBlackList）

表 2-28

字段名称	字段代码	字段类型	是否必填	备注说明
姓名	PersonName	NVARCHAR(50)	M	
证件类型	IDCardType	CHAR(2)	M	参考数据字典：人员证件类型字典表
证件号码	IDCardNumber	VARCHAR(30)	M	
登记日期	CreateDate	DATETIME	M	
所属单位	CorpName	VARCHAR(200)	O	
所属单位统一社会信用代码	CorpCode	VARCHAR(18)	O	如果无统一社会信用代码，则填写组织机构代码
失信行为描述	DishonestyDescription	NVARCHAR(1000)	M	
认定部门	CognizanceDepartment	NVARCHAR(200)	M	
列入黑名单日期	BlacklistBDate	DATETIME	M	
移出黑名单日期	BlacklistEDate	DATETIME	M	

5. 通用数据标准

(1) 附件数据表（对象名：FileAttachmentInfo）

表 2-29

字段名称	字段代码	字段类型	是否必填	备注说明
附件类型	BusinessType	CHAR(3)	M	参见数据字典：附件类型字典表
业务编号	BusinessSysNo	INT	M	相关数据对应的自增业务编号
附件名称	Name	VARCHAR(50)	M	
附件路径	URL	VARCHAR(300)	M	相对路径

(2) 银行卡信息表（对象名：BankCardInfo）

表 2-30

字段名称	字段代码	字段类型	是否必填	备注说明
业务类型	BusinessType	CHAR(3)	M	参见银行卡业务类型字典表
业务编号	BusinessSysNo	INT	M	
银行支行名称	BankName	NVARCHAR(50)	M	
银行账户	BankNumber	VARCHAR(30)	M	
银行联号	BankLinkNumber	VARCHAR(30)	M	

6. 数据字典

(1) 企业登记注册类型字典表

按照建市〔2014〕108 号全国建筑市场监管与诚信信息系统基础数据库标准（试行）规定的编码及类型。

(2) 行政区划字典表

按照《中华人民共和国行政区划代码》GB/T 2260-2015 规定的行政区划名称及代码。

(3) 人员证件类型字典表

按照建市〔2014〕108 号全国建筑市场监管与诚信信息系统基础数据库标准（试行）规定的编码及类型。

(4) 币种字典表

按照中华人民共和国《表示货币和资金的代码》GB/T 12406-2008 标准规定的币种代码。

(5) 企业资质资格类型字典表

按照建市〔2014〕108 号全国建筑市场监管与诚信信息系统基础数据库标准（试行）规定的编码及类型。

(6) 企业资质资格专业类别字典表

按照建市〔2014〕108 号全国建筑市场监管与诚信信息系统基础数据库标准（试行）规定的编码及类型。

(7) 企业资质等级字典表

按照建市〔2014〕108 号全国建筑市场监管与诚信信息系统基础数据库标准（试行）规定的编码及类型。

(8) 企业资质取得方式字典表

按照建市〔2014〕108 号全国建筑市场监管与诚信信息系统基础数据库标准（试行）规定的编码及类型。

(9) 企业资质状态字典

按照建市〔2014〕108 号全国建筑市场监管与诚信信息系统基础数据库标准（试行）规定的编码及类型。

(10) 项目分类字典表

表 2-31

编码	类型
01	房屋建筑工程
02	市政公用工程
03	机电安装工程
04	铁路工程
05	公路工程
06	港口与航道工程
07	水利水电工程
08	电力工程
09	矿山工程
10	冶炼工程
11	化工石油工程
12	通信工程
99	其他

（11）项目状态字典表

表 2-32

编码	状态
001	筹备
003	在建
004	完工
005	停工

（12）立项级别字典表

按照建市［2014］108号全国建筑市场监管与诚信信息系统基础数据库标准（试行）规定的编码及类型。

（13）建设规模字典表

表 2-33

编码	规模
01	大型
02	中型
03	小型

（14）建设性质分类字典表

按照建市［2014］108号全国建筑市场监管与诚信信息系统基础数据库标准（试行）规定的编码及类型。

（15）工程用途字典表

按照建市［2014］108号全国建筑市场监管与诚信信息系统基础数据库标准（试行）规定的编码及类型。

（16）国籍及地区字典表

按照《世界各国和地区名称代码》GB/T 2659—2000规定的国家和地区名称及代码。

（17）参建单位类型字典表

表 2-34

编码	类型
001	专业分包
002	设备分包
003	材料分包
004	后勤服务
005	特殊设备
006	劳务分包
007	监理
008	建设单位
009	总承包单位
010	勘察
011	设计单位
012	其他

(18) 工人工种字典表

表 2-35

编码	工种
010	砌筑工
020	钢筋工
030	架子工
040	混凝土工
050	模板工
060	机械设备安装工
070	通风工
080	安装起重工
090	安装钳工
100	电气设备安装调试工
110	管道工
120	变电安装工
130	建筑电工
140	司泵工
150	挖掘铲运和桩工机械司机
160	桩机操作工
170	起重信号工
180	建筑起重机械安装拆卸工
190	装饰装修工
200	室内成套设施安装工
210	建筑门窗幕墙安装工
220	幕墙制作工
230	防水工
240	木工
250	石工
270	电焊工
280	爆破工
290	除尘工
300	测量放线工
310	线路架设工
320	古建筑传统石工
330	古建筑传统瓦工
340	古建筑传统彩画工
350	古建筑传统木工
360	古建筑传统油工

续表

编码	工种
380	金属工
900	管理人员
390	杂工
1000	其他

(19) 银行代码字典表

表 2-36

编码	类型
001	银联商务(收单)
100	中国邮政储蓄银行(收单)
102	中国工商银行
104	中国银行
105	中国建设银行
201	国家开发银行
202	中国进出口银行
203	中国农业发展银行
301	交通银行
302	中信银行
303	中国光大银行
304	华夏银行
305	中国民生银行
306	广东发展银行
307	深圳发展银行
308	招商银行
309	兴业银行
310	上海浦东发展银行
311	上海银联商务/东莞商业银行
313	城市商业银行
314	农村商业银行(江苏)
315	恒丰银行
316	浙商银行
317	农村合作银行
318	渤海银行股份有限公司
319	徽商银行股份有限公司
320	镇银行有限责任公司
401	城市信用社
402	农村信用社(含北京农村商业银行)、东莞农信

续表

编码	类型
403	中国邮政储蓄银行(代收付)
501	汇丰银行
502	东亚银行
503	南洋商业银行
504	恒生银行(中国)有限公司
505	中国银行(香港)有限公司
506	集友银行有限公司
507	创兴银行有限公司
509	星展银行(中国)有限公司
510	永亨银行(中国)有限公司
512	永隆银行
531	花旗银行(中国)有限公司
532	美国银行有限公司
533	摩根大通银行(中国)有限公司
561	三菱东京日联银行(中国)有限公司
563	日本三井住友银行股份有限公司
564	瑞穗实业银行(中国)有限公司
565	日本山口银行股份有限公司
591	韩国外换银行股份有限公司
593	友利银行(中国)有限公司
594	韩国产业银行
595	新韩银行(中国)有限公司
596	韩国中小企业银行有限公司
597	韩亚银行(中国)有限公司
621	华侨银行(中国)有限公司
622	大华银行(中国)有限公司
623	星展银行(中国)有限公司
631	泰国盘谷银行(大众有限公司)
641	奥地利中央合作银行股份有限公司
651	比利时联合银行股份有限公司
652	比利时富通银行有限公司
661	荷兰银行
662	荷兰安智银行股份有限公司
671	渣打银行
672	英国苏格兰皇家银行公众有限公司
691	法国兴业银行(中国)有限公司

续表

编码	类型
694	法国东方汇理银行股份有限公司
695	法国外贸银行股份有限公司
711	德国德累斯登银行股份公司
712	德意志银行(中国)有限公司
713	德国商业银行股份有限公司
714	德国西德银行股份有限公司
715	德国巴伐利亚州银行
716	德国北德意志州银行
732	意大利联合圣保罗银行股份有限公司
741	瑞士信贷银行股份有限公司
742	瑞士银行
752	加拿大丰业银行有限公司
761	澳大利亚和新西兰银行集团有限公司
771	摩根士丹利国际银行(中国)有限公司
775	联合银行(中国)有限公司
776	荷兰合作银行有限公司
781	厦门国际银行
782	法国巴黎银行(中国)有限公司
785	华商银行
787	华一银行
897	广东农村信用合作社(收单)
898	银联商务(收单)
969	(中国澳门地区)银行
989	(中国香港地区)银行

（20）是否字典表

表 2-37

编码	类型
1	是
0	否

（21）合同期限类型字典表

表 2-38

编码	类型
0	固定期限合同
1	以完成一定工作为期限的合同

(22) 工人考勤方向字典表

表 2-39

编码	类型
1	入场
0	出场

(23) 工人进退场类型字典表

表 2-40

编码	类型
1	进场
0	退场

(24) 计量单位类型字典表

表 2-41

编码	类型
80	米
81	平方米
82	立方米

(25) 工人考勤方式字典表

表 2-42

编码	方式
001	人脸识别
002	虹膜识别
003	指纹识别
004	掌纹识别
005	身份证识别
006	实名卡
007	异常清退（适用于人员没有通过闸机系统出工地而导致人员状态不一致的情况）
008	一键开闸（需要与闸机交互）
009	应急通道（不需要与闸机交互）
010	二维码识别
011	其他方式

(26) 培训类型字典表

表 2-43

编码	性别
003001	安全教育
003002	入场教育

续表

编码	性别
003003	退场教育
003004	技能培训

(27) 性别字典表

表 2-44

编码	性别
0	男
1	女

(28) 政治面貌字典表

表 2-45

编码	政治面貌
01	中共党员
02	中共预备党员
03	共青团员
04	民革党员
05	民盟盟员
06	民建会员
07	民进会员
08	农工党党员
09	致公党党员
10	九三学社社员
11	台盟盟员
12	无党派人士
13	群众

(29) 文化程度字典表

表 2-46

编码	文化程度
01	小学
02	初中
03	高中
04	中专
05	大专
06	本科
07	硕士
08	博士
99	其他

(30) 婚姻状况字典表

表 2-47

编码	状况
01	未婚
02	已婚
03	离异
04	丧偶

(31) 人员证书种类字典表

表 2-48

编码	证书种类
1	职业技能证
2	安装证
3	岗位证
4	职称证
5	职业注册证
6	其他

(32) 人员证书类型：安管证书专业字典表

表 2-49

编码	字典数据名称
014001001	不分专业

(33) 人员证书类型：岗位证书专业字典表

表 2-50

编码	字典数据名称
014002001	房屋建筑
014002002	市政公用工程
014002003	土建
014002004	电气
014002005	水暖
014002006	不分专业
014002007	安装
014002008	建筑工程
014002009	公路工程
014002010	机电工程
014002011	水利水电工程

(34) 人员证书类型：执业注册类别字典表

按照建市〔2014〕108号全国建筑市场监管与诚信信息系统基础数据库标准（试行）

规定的编码及类型。

（35）人员证书类型：执业注册证书专业字典表

按照建市［2014］108号全国建筑市场监管与诚信信息系统基础数据库标准（试行）规定的编码及类型。

（36）人员证书类型：职业技能人员类别

表 2-51

序号	大类	类别
1	土建类	建筑油漆工
2	土建类	测量放线工
3	土建类	石工
4	土建类	架子工
5	土建类	砌筑工
6	土建类	防水工
7	土建类	抹灰工
8	土建类	钢筋工
9	土建类	混凝土工
10	土建类	木工
11	土建类	模板工
12	土建类	建筑电工
13	土建类	试验工
14	安装类	水暖工
15	安装类	工程安装钳工
16	安装类	管道工
17	安装类	安装起重工
18	安装类	筑炉工
19	安装类	工程电气设备安装调试工
20	安装类	通风工
21	建筑机械类	推土、铲运机驾驶员
22	建筑机械类	挖掘机驾驶员
23	建筑机械类	起重机驾驶员
24	建筑机械类	塔式起重机驾驶员
25	建筑机械类	中小型建筑机械操纵员
26	建筑机械类	工程机械修理员
27	建筑机械类	打桩工
28	装饰类	装饰涂表工
29	装饰类	装饰金属工
30	装饰类	装饰镶贴工
31	装饰类	装饰幕墙工

续表

序号	大类	类别
32	装饰类	装饰木工
33	市政工程类	下水道工
34	市政工程类	下水道养护工
35	市政工程类	沥青工
36	市政工程类	污水处理工
37	市政工程类	沥青混凝土摊铺机操作工
38	市政工程类	筑路工
39	市政工程类	泵站操作工
40	市政工程类	道路养护工
41	市政工程类	园林绿化类
42	市政工程类	盆景工
43	市政工程类	观赏动植饲养工
44	市政工程类	植保工
45	市政工程类	绿化工
46	市政工程类	花卉工
47	市政工程类	育苗工
48	古建筑类	古建彩画工
49	古建筑类	古建木工
50	古建筑类	古建瓦工
51	古建筑类	古建油漆工
52	古建筑类	假山工
53	燃气类	燃气用具安装检修工
54	燃气类	燃气管道工
55	燃气类	液化石油气机械修理工
56	燃气类	燃气输送工
57	燃气类	燃起用具修理工
58	燃气类	燃气化验工
59	燃气类	燃气净化工
60	燃气类	液化石油气罐区运行工
61	燃气类	热力司炉工
62	燃气类	燃气调压工
63	燃气类	液化石油钢瓶检修工
64	燃气类	液化石油气罐瓶工
65	燃气类	供气营销员
66	燃气类	燃气表装修工
67	供排水类	变配电运行工

续表

序号	大类	类别
68	供排水类	供水管道工
69	供排水类	供水设备维修电工
70	供排水类	机泵运行工
71	供排水类	污水化验检测工
72	供排水类	净水工
73	供排水类	水质监测员
74	供排水类	水表装修工
75	供排水类	供水调度员
76	供排水类	供水营销员
77	供排水类	供水设备维修钳工
78	供排水类	供水仪表工
79	特种作业人员	建筑电工
80	特种作业人员	高处作业吊篮安装拆卸工
81	特种作业人员	塔式起重机司机
82	特种作业人员	施工升降机司机
83	特种作业人员	电焊工
84	特种作业人员	其他
85	特种作业人员	建筑架工
86	特种作业人员	普通脚手架工
87	特种作业人员	附着升降脚手架工
88	特种作业人员	建筑起重信号、司索工
89	特种作业人员	建筑起重机、司机
90	特种作业人员	物料提升机司机
91	特种作业人员	门式起重机司机
92	特种作业人员	桥式起重机司机
93	特种作业人员	汽车式起重机司机
94	特种作业人员	建筑起重机械安装拆卸工
95	特种作业人员	塔机安(拆)工
96	特种作业人员	施工升降机安(拆)工
97	特种作业人员	物料提升机安(拆)工
98	特种作业人员	门式起重机安(拆)工
99	特种作业人员	桥式起重机安(拆)工
100	其他类	其他
101	其他类	拆卸工
102	其他类	瓦工
103	其他类	送电线路架设工

续表

序号	大类	类别
104	其他类	维修电工
105	其他类	污水化验监测工
106	其他类	水质检验工
107	其他类	废水处理工
108	其他类	古建筑油漆工
109	其他类	建筑起重机械安装拆卸工(施工升降机)
110	其他类	砌花街工
111	其他类	草坪建植工
112	其他类	推光漆工
113	其他类	古建筑石工
114	其他类	建筑起重机械司机(塔式起重机)
115	其他类	工程机械修理工
116	其他类	水环境监测工
117	其他类	建筑焊工
118	其他类	操作工
119	其他类	镶贴工
120	其他类	建筑起重司索信号工
121	其他类	钣金
122	其他类	机械设备安装工
123	其他类	建筑架子工(普通脚手架)
124	其他类	电工
125	其他类	养护工
126	其他类	司索工
127	其他类	油漆工
128	其他类	建筑起重机械安装拆卸工(塔式起重机)
129	其他类	起重机械指挥
130	其他类	高压电工
131	其他类	高压电工(安监局发证)
132	其他类	变电安装工
133	其他类	沥青混凝土摊铺
134	其他类	泥塑工
135	其他类	管工
136	其他类	建筑电焊工
137	其他类	焊工
138	其他类	混凝土制品模具
139	其他类	建筑起重机械司机(施工升降机)

续表

序号	大类	类别
140	其他类	石制作
141	其他类	道路养护工
142	其他类	装饰装修工
143	其他类	建筑起重机械司机(物料提升机)
144	其他类	石雕工
145	其他类	古建筑瓦工
146	其他类	砭刻工
147	其他类	门窗工
148	其他类	匠额工
149	其他类	砭细工
150	其他类	继电保护＋电力电缆
151	其他类	检验工
152	其他类	测量放射线工
153	其他类	果树工
154	其他类	彩绘工
155	其他类	建筑起重机械安装拆卸工(物料提升机)
156	其他类	路面工
157	其他类	建筑架子工(附着升降脚手架)
158	其他类	木雕工
159	其他类	钳工
160	其他类	测量工
161	其他类	古建筑彩绘工
162	其他类	沥青加工工

(37) 人员资质等级：职称等级

表 2-52

编码	等级
1	初级职称
2	中级职称
3	高级职称

(38) 人员资质等级：职业技能等级

表 2-53

编码	技能等级
1	普工
2	初级工
3	中级工

续表

编码	技能等级
4	高级工
5	技师
6	高级技师

(39) 资质证书状态字典表

按照建市〔2014〕108号全国建筑市场监管与诚信信息系统基础数据库标准（试行）规定的编码及类型。

(40) 企业不良行为字典表

按照建市〔2014〕108号全国建筑市场监管与诚信信息系统基础数据库标准（试行）规定的编码及类型。

(41) 认定部门级别字典表

表 2-54

编码	级别
1	国家级
2	省级
3	市级
4	区县级

(42) 市场主体类别字典表

表 2-55

编码	类别
1	建设单位
2	勘察
3	设计
4	施工
5	监理

(43) 人员不良行为字典表

按照建市〔2014〕108号全国建筑市场监管与诚信信息系统基础数据库标准（试行）规定的编码及类型。

(44) 附件类型字典表

表 2-56

编码	类型
001	工资单
002	培训
003	班组进场
004	班组退场
005	合同

（45）银行卡业务类型字典表

表 2-57

编码	类型
001	参建单位

（46）工人类型字典表

表 2-58

编码	类型
10	管理人员
20	建筑工人

（47）学历类型字典表

表 2-59

编码	类型
1	博士后
2	博士
3	研究生
4	硕士
5	本科
6	大专
7	中专
8	高中
9	专科以下学历
99	其他

（48）学位类型字典表

表 2-60

编码	类型
1	博士后学位
2	博士学位
3	硕士学位
4	学士学位
5	无学位
99	其他

（49）人员类型字典表

表 2-61

编码	类型
1	建筑工人
2	企业职员

(50) 岗位类型字典表

表 2-62

编码	类型
1	施工员
2	质量员
3	安全员
4	标准员
5	材料员
6	机械员
7	劳务员
8	资料员

(51) 注册人员所在企业的行业类型字典表

按照建市〔2014〕108号全国建筑市场监管与诚信信息系统基础数据库标准（试行）规定的编码及类型。

(52) 职员状态字典表

表 2-63

编码	类型
0	离职
1	在职

(53) 异步处理结果状态字典表

表 2-64

编码	类型
0	待处理
10	处理失败
20	处理成功

第 3 章　劳务纠纷处理

建筑施工企业劳务员的主要工作是在施工现场从事劳务管理计划、企业劳务队伍的选择和管理、实名制全过程管理以及劳务纠纷处理。"参与调解、处理劳务纠纷和工伤事故的善后处理"是劳务员职责内的一项重要工作，因此熟悉和掌握各种类型的劳务纠纷处理的程序和解决方法是劳务员日常工作中应具备的基本技能。

第 1 节　劳务纠纷的分类和形式

3.1.1　劳务纠纷的分类、形式

劳务纠纷也称劳动争议，是指劳动法律关系双方当事人即劳动者和用人单位，在执行劳动法律、法规或履行劳动合同过程中，就劳动权利和劳动义务或履行劳动合同、集体合同发生的争执。

1. 劳务纠纷的分类

建筑业的劳务纠纷主要集中在建设工程施工合同及劳动合同的订立和履行过程中。常见的形式有：

(1) 因资质问题而产生的纠纷

根据《建筑法》和住房和城乡建设部 2015 年《建筑业企业资质管理规定》（住建部令第 22 号）关于建筑施工企业从业资格的规定，从事建筑活动的建筑施工企业应具备相应的资质，在其资质等级许可的范围内从事建筑活动。如果建筑施工企业超越本企业的资质等级许可的业务范围承揽工程，禁止施工企业向无资质或不具备相应资质的企业分包工程，否则容易引起纠纷。

(2) 因履约范围不清而产生的纠纷

在施工实践中，总包单位与分包商之间因履约范围不清而发生纠纷的现象屡见不鲜。例如：一个分包合同中约定，由总包单位提供垂直运输设备，但在具体施工时，总包单位只提供汽车吊而不提供塔式起重机。尤其是在基坑开挖过程中，垂直运输设备对工期的影响巨大，假如不利用塔式起重机，分包商很有可能无法完成工期目标，但汽车吊也属于垂直运输设备，因此，很难认定总包单位违约。造成履约范围不清的主要原因是分包合同条款内容不规范、不具体。分包合同订立的质量完全取决于承包人和分包商的合同水平和法律意识。若承包人、分包商的合同水平和法律意识都比较低或差异大时，则订出的合同内容不全，权利义务不均衡。所有这些都在以后施工过程中产生的纠纷埋下隐患。因此，在订立分包合同时，应严格按照《分包合同示范文本》的条款进行订立。

(3) 因转包而产生的纠纷

转包是指承包单位承包建设工程，不履行合同约定的责任和义务，将其承包的全部建

设工程转给他人或将其承包的全部建设工程肢解后以分包的名义分别转给其他单位承包的行为。建设工程转包被法律所禁止，《合同法》第272条，《建筑法》第28条，《建设工程质量治理条例》第25条都规定了禁止转包工程。

"分包"与"转包"是建设工程施工过程中普遍存在的现象，承包人将建设工程非法转包、违法分包后，使得劳动关系趋于复杂化，由此引发拖欠劳动者工资进而引发劳务纠纷。

（4）因拖欠农民工工资引发的纠纷

农民工是一个特殊的群体，他们既不是真正的农民，也不是真正的工人，而是一个典型的由经济和社会双重因素造就的弱势群体。近些年来，侵害农民工权利现象频繁出现。在农民工权益受损问题中，"拖欠工资"问题是最引人注目也是最普遍的，也是引发劳务纠纷的重要原因之一。

2. 劳务纠纷的形式

建筑业的劳务纠纷主要集中在建设工程施工合同及劳动合同的订立和履行过程中。常见的形式有：

（1）因合同当事人主观原因造成的合同订立时就存在的潜在纠纷

1）选择订立合同的形式不当

建设工程施工合同有固定价格合同、可调价格合同和成本加酬金价格合同。在订立建设施工合同时，就要根据工程大小，工期长短，造价高低，涉及其他因素多寡选择合同形式。选择不适当的合同形式，会导致合同争议的产生。

2）合同主体不合法或与不具备相应资质的企业签订劳务分包合同或工程分包合同

①《合同法》规定：合同当事人可以是公民（自然人），也可以是其他组织。也就是说作为建设工程承包合同当事人的发包方和承包人，都应当具有相应的民事权利能力和民事行为能力，这是订立合同最基本的主体资格。

② 总承包企业或专业施工企业与不具备相应资质的企业签订的劳务分包合同。这样的合同，根据《最高人民法院若干审理建设工程施工合同纠纷案件适用法律问题的解释》第1条和《合同法》等规定被认定为无效合同。合同无效后的处理：假如劳务分包企业提供劳务的工程合格，劳务分包企业依据《最高人民法院关于审理建设工程施工合同纠纷案件的适用法律问题的解释》第2条的规定请求劳务费的，应当得到法律支持；假如仅仅因劳务分包企业提供的劳务质量不合格引起的工程不合格，劳务分包企业请求劳务分包合同约定的劳务价款的，将得不到法律支持，并且还应承担相应的损失。

③ 总承包企业或专业承包企业与劳务分包企业以劳务分包合同名义签订的实质上的工程分包合同。这种合同将依据合同的实际内容及建设施工中的客观事实，及双方结算的具体情况，来认定双方合同关系的本质。其中有的可能会被认定为工程分包合同，那么就要按照工程分包合同的权利义务，来重新确认双方的权利义务。

④ 工程分包企业以劳务分包合同的名义与劳务分包企业签订的实质上的工程再分包合同。这种合同将被认定为无效。工程分包企业因此种行为取得的利润将被法院依据《最高人民法院关于审理建设工程施工合同纠纷案件的适用法律问题的解释》第4条的规定收

缴，或者由建筑行政治理机关做出同样的收缴处罚。

3）合同条款不全，约定不明确

在合同履行过程中，由于合同条款不全，约定不明确，引起纠纷是相当普遍的现象。当前，一些缺乏合同意识和不会用法律保护自己权益的发包人或承包人，在谈判或签订合同时，认为合同条款太多、繁琐，从而造成合同缺款少项；一些合同虽然条款比较齐全，但内容只作为原则约定，不具体、不明确，从而导致了合同履行过程中产生争议。

4）草率签订合同

建设工程承包合同一经签订，其当事人之间就产生了权利和义务关系。这种关系是法律关系，其权利受法律保护，义务受法律约束。但是目前一些合同当事人，法制观念淡薄，签订合同不认真，履行合同不严肃，导致合同纠纷不断发生。

5）缺乏具体违约责任

有些建设工程施工合同签订时，只强调合同的违约条件，但是没有要求对方承担违约责任，对违约责任也没有做出具体约定，导致双方在合同履行过程中争议的发生。

（2）合同履约过程中的承包人同发包人之间的经济利益纠纷

1）承包人提出索赔要求，发包人不予承认，或者发包人同意支付的额外付款与承包索赔的金额差距极大，双方不能达成一致意见。其中，可能包括：发包人认为承包人提出索赔的证据不足；承包人对于索赔的计算，发包人不予接受；某些索赔要求是承包人自己的过失造成的；发包人引用免责条款以解除自己的赔偿责任；发包人致使承包人得不到任何补偿。

2）承包人提出的工期索赔，发包人不予承认。承包人认为工期拖延是由于发包人拖延交付施工场地、延期交付设计图纸、拖延审批材料和样品、拖延现场的工序检验以及拖延工程付款造成的；而发包人则认为工期拖延是由于承包人开工延误、劳力不足、材料短缺造成的。

3）发包人提出对承包人进行违约罚款，扣除拖延工期的违约金外，要求对由于工期延误造成发包人利益的损害进行赔偿；承包人则提出反索赔，由此产生严重分歧。

4）发包人对承包人的严重施工缺陷或提供的设备性能不合格而要求赔偿、降价或更换；承包人则认为缺陷已改正、不属于承包方的责任或性能试验方法错误等，不能达成一致意见。

5）关于终止合同的争议。由终止合同造成的争议最多，因为无论任何一方终止合同都会给对方造成严重损害。

6）承包人与分包商的争议。其内容大致和发包人与承包人的争议内容相似。

7）承包人与材料设备供应商的争议。多数是货品质量、数量、交货期和付款方面的争议。

第2节　工伤事故纠纷的原因和处理方法

1. 工伤及工伤事故的认定

（1）工伤

关于"工伤"的概念，1921年国际劳工大会通过的公约中对"工伤"的定义是："由于工作直接或间接引起的事故为工伤。"1964年第48届国际劳工大会也规定了工伤补偿应将职业病和上下班交通事故包括在内。因此，当前国际上比较规范的"工伤"定义包括两个方面的内容，即由工作引起并在工作过程中发生的事故伤害和职业病伤害。职业病，是指企业、事业单位和个体经济组织的劳动者在职业活动中，因接触粉尘、放射性物质和其他有毒、有害物质等因素而引起的疾病。

（2）工伤认定

略。（详见前述第1章第3节）

2. 工伤保险

工伤保险是社会保险制度的重要组成部分。是指国家和社会为在生产、工作中遭受事故伤害和患职业性疾病的劳动者及亲属提供医疗救治、生活保障、经济补偿、医疗和职业康复等物质帮助的一种社会保障制度。2003年4月16日国务院第5次常务会议讨论通过《工伤保险条例》，同年4月27日中华人民共和国国务院令第375号公布，自2004年1月1日起施行。2010年12月8日国务院第136次常务会议通过《国务院关于修改〈工伤保险条例〉的决定》，同年12月20日中华人民共和国国务院令第586号公布，自2011年1月1日起施行。《工伤保险条例》第二条规定：中华人民共和国境内的企业、事业单位、社会团体、民办非企业单位、基金会、律师事务所、会计师事务所等组织和有雇工的个体工商户应当依照本条例规定参加工伤保险，为本单位全部职工或者雇工缴纳工伤保险费。中华人民共和国境内的企业、事业单位、社会团体、民办非企业单位、基金会、律师事务所、会计师事务所等组织的职工和个体工商户的雇工均有依照本条例的规定享受工伤保险待遇的权利。该条例第三条规定，工伤保险费的征缴按照《社会保险费征缴暂行条例》关于基本养老保险费、基本医疗保险费、失业保险费的征缴规定执行。

《中华人民共和国安全生产法》第四十三条规定：生产经营单位必须依法参加工伤社会保险，为从业人员缴纳保险费。因此，生产经营单位与从业人员订立的劳动合同，应当载明有关保障从业人员劳动安全、防止职业危害的事项，以及依法为从业人员办理工伤社会保险的事项。

《中华人民共和国社会保险法》对工伤保险设专门章节进行规范，规定职工应当参加工伤保险，由用人单位缴纳工伤保险费，职工不缴纳工伤保险费。《建筑施工企业安全生产许可证管理规定》要求：企业应依法参加工伤保险，依法为施工现场从事危险作业的人员办理意外伤害保险，为从业人员交纳保险费。此项要求被列为12项建筑施工企业安全生产条件之一。

《中华人民共和国建筑法》第四十八条规定：建筑施工企业应当依法为职工参加工伤保险，缴纳工伤保险费。鼓励企业为从事危险作业的职工办理意外伤害保险，支付保险费。此条规定是2011年4月22日经第十一届全国人大第20次会议修订，从2011年7月1日起施行。

下面通过三个不同类型的工伤事故案例来分析工伤事故纠纷的原因和处理方法：

【案例一】未办理工伤保险产生的赔偿纠纷

张某（女），在某建筑施工总承包公司承建的一大型商场工地从事钢筋绑扎工作，2015年8月15号下午4点钟左右，在大型商场工地1/XF轴/X15－X16轴构架梁部位，当时张某站在1/XF轴构架梁梁底排架钢管支撑上的一张木板上，卸载由塔式起重机转运过来的电梯井顶板钢筋材料。张某没等吊钩停稳就抓住钢筋想稳住钢筋，因塔式起重机在运行时有晃动，又无指挥人员，随后张某就被甩了出去，其坠落高度离2层楼面7.4m。事故发生后项目部及时组织人员将张某送往医院救治，因伤势严重，抢救无效死亡。

该建筑施工总承包公司事故处理小组在与死者家属协商赔偿事宜时发现，该项目未按照有关工伤保险的要求参加工伤保险，张某发生伤亡事故时，在工地上班仅两天，并未与用人单位签订劳动合同，且发生工伤事故是由于张某操作不当引起，本人也承担一定的责任，故不同意死者家属提出的按照工伤伤亡办理程序给予相应赔偿，为此，死者家属提出仲裁申请，要求该建筑施工总承包公司根据工伤赔偿标准给予赔偿。

【仲裁意见】

仲裁委审理后认为，本案实质上是建筑施工总承包公司未依法按照人社部发〔2014〕103号印发了《关于进一步做好建筑业工伤保险工作的意见》（以下简称《意见》）中有关规定办理工伤保险申报及保险费缴纳工作，应按照工伤保险处理程序和赔偿标准给予赔偿，费用由该公司承担，故支持了死者家属的仲裁请求。

【案件评析】

本案争议的焦点有两方面：一、死者张某因不规范操作发生的死亡事故算不算工伤；二、该建筑施工总承包公司未按《意见》中有关规定办理工伤保险的申报缴纳工作，是否可按工伤保险处理程序办理赔偿，公司应承担什么样的责任。

张某在工作时间和工作场所内，因工作原因受到事故伤害致死的符合《工伤保险条例》第十四、十五条的有关规定，应认定为工伤死亡事故。

《关于进一步做好建筑业工伤保险工作的意见》中有明确规定：

为贯彻落实党中央、国务院关于切实保障和改善民生的要求，依据社会保险法、建筑法、安全生产法、职业病防治法和《工伤保险条例》等法律法规规定，现就进一步做好建筑业工伤保险工作、切实维护建筑业职工工伤保障权益提出以下意见：

一、完善符合建筑业特点的工伤保险参保政策，大力扩展建筑企业工伤保险参保覆盖面。建筑施工企业应依法参加工伤保险。针对建筑行业的特点，建筑施工企业对相对固定的职工，应按用人单位参加工伤保险；对不能按用人单位参保、建筑项目使用的建筑业职工特别是农民工，按项目参加工伤保险。房屋建筑和市政基础设施工程实行以建设项目为单位参加工伤保险的，可在各项社会保险中优先办理参加工伤保险手续。建设单位在办理施工许可手续时，应当提交建设项目工伤保险参保证明，作为保证工程安全施工的具体措施之一；安全施工措施未落实的项目，各地住房城乡建设主管部门不予核发施工许可证。

二、完善工伤保险费计缴方式。按用人单位参保的建筑施工企业应以工资总额为基数依法缴纳工伤保险费。以建设项目为单位参保的，可以按照项目工程总造价的一定比例计算缴纳工伤保险费。

四、确保工伤保险费用来源。建设单位要在工程概算中将工伤保险费用单独列支，作为不可竞争费，不参与竞标，并在项目开工前由施工总承包单位一次性代缴本项目工伤保险费，覆盖项目使用的所有职工，包括专业承包单位、劳务分包单位使用的农民工。

五、健全工伤认定所涉及劳动关系确认机制。建筑施工企业应依法与其职工签订劳动合同，加强施工现场劳务用工管理。施工总承包单位应当在工程项目施工期内督促专业承包单位、劳务分包单位建立职工花名册、考勤记录、工资发放表等台账，对项目施工期内全部施工人员实行动态实名制管理。施工人员发生工伤后，以劳动合同为基础确认劳动关系。对未签订劳动合同的，由人力资源社会保障部门参照工资支付凭证或记录、工作证、招工登记表、考勤记录及其他劳动者证言等证据，确认事实劳动关系。相关方面应积极提供有关证据；按规定应由用人单位负举证责任而用人单位不提供的，应当承担不利后果。

八、落实工伤保险先行支付政策。未参加工伤保险的建设项目，职工发生工伤事故，依法由职工所在用人单位支付工伤保险待遇，施工总承包单位、建设单位承担连带责任；用人单位和承担连带责任的施工总承包单位、建设单位不支付的，由工伤保险基金机构先行支付，用人单位和承担连带责任的施工总承包单位、建设单位应当偿还；不偿还的，由社会保险经办机构依法追偿。

九、建立健全工伤赔偿连带责任追究机制。建设单位、施工总承包单位或具有用工主体资格的分包单位将工程（业务）发包给不具备用工主体资格的组织或个人，该组织或个人招用的劳动者发生工伤的，发包单位与不具备用工主体资格的组织或个人承担连带赔偿责任。

建筑施工单位应依法参加工伤保险，参加工伤保险具有一定的强制性，该公司未按照《关于进一步做好建筑业工伤保险工作的意见》中有关规定办理工伤保险申报及缴纳工作，应按照工伤保险处理程序和赔偿标准给予赔偿，费用由该公司承担。

【案例二】工地突发疾病是否可以按工伤程序理赔

倪某是某工地材料辅助工，负责工地散落零星周材的收集码堆工作，2017年7月8日上午十时许，倪某在工地干活时突发疾病，后被项目部迅速送往医院治疗，经诊断倪某系脑部血管破裂，治疗后恢复意识，倪某造成病后后遗症半身瘫痪、大小便失禁，生活不能自理。伤者家属在与项目部商谈解决方案时，要求按照工伤处理标准给予赔偿，且高温天气可能是诱发病因，项目部则认为，倪某系脑部血管破裂，自身身体疾病引起，后经医院抢救，恢复意识，不符合申报工伤条件，且2017年7月6、7、8日三天最高气温均不超过30℃，不存在高温天气诱发病因，双方协商未果。伤者家属见事情一直没有按自己要求解决，遂以通过封堵工地大门，阻挠工地施工等激进方法企图逼使工地项目部按照自己提出标准予以赔偿，为此项目部拨打110报警，110接到报警后迅速通知当地派出所出警，将当事双方带至派出所调解。

【调解意见】

在派出所治安民警调解下，双方达成以下意见：1. 虽然总包项目部在工程开工前已办理了工伤保险申报缴费手续，但倪某因自身原因引发疾病，后经医院抢救，恢复意识，不符合工伤申报条件，亦不能要求项目部按照工伤处理标准给予赔偿；2. 项目部报销倪某住院期间的医疗费，考虑倪某家庭确实困难，从同情弱者的角度出发，给予倪某一次性人道主义关怀金18万元。双方达成谅解，互不再次追究责任，派出所作为见证单位，也在调解书中盖章。

【案件评析】

本案的焦点在于倪某在工地上突发疾病，是否可认定为工伤，是否可以走工伤保险理赔程序。

根据《工伤保险条例》第十四、十五条以及《关于进一步做好建筑业工伤保险工作的意见》的规定，视同工伤："在工作时间和工作岗位，突发疾病死亡或者在48小时之内抢救无效死亡的，"可视同工伤，可按工伤保险理赔标准给予理赔。倪某由于自身原因引发疾病，项目部积极组织抢救，经治疗恢复意识，不符合视同工伤条件，不能按照工伤保险理赔标准给予赔偿，项目部只能从同情弱者的角度出发，给予倪某一定金额的人道主义关怀金。

【案例三】工程分包给个人，发生工伤后劳动关系如何认定

2013年9月，某施工总承包公司承建的某市商业中心A、B楼工程，由本工程中标项目经理陆某负责全过程施工任务。同年12月12日，陆某将其中A楼木工所有工程量分包给了第三人吴某。

2013年12月27日下午2时许，吴某队组木工李某在工地上打磨自己所带的木工电刨盘钢锯片时，左眼被砂轮碎片击伤致残。经该市第一人民医院鉴定为左眼外伤后左眼球缺陷。2014年3月19日，李某以单位职工的身份向该市社保部门申请工伤认定，该市社保部门当天就作出工伤认定书，认定工伤。该公司对此不服，向该市人民政府申请行政复议。

【复议结果】

该市人民政府以李某受聘于该公司，已形成事实劳动关系为由，于2015年2月2日作出行政复议决定书，维持该市劳动和社会保障部门的工伤认定书。

【案件评析】

本案涉及的是建筑工程这一特殊行业中发生伤、亡所引发的工伤认定问题。认定工伤首先要确认劳动者与用人单位之间有无劳动关系，双方存在劳动关系是能否认定工伤的首要条件。劳动关系是劳动者基于从属关系，向用人单位提供职业性的劳动，有用人单位给付劳动报酬所形成的法律关系。依据《劳动法》第16条的规定："劳动合同是劳动者与用人单位确立劳动关系，明确双方权利义务的协议。建立劳动关系应当订立劳动合同。"也就是说，劳动合同应是认定存在劳动关系的最明显标志。劳动者即使与用人单位未签订书面劳动合同，但只要形成事实劳动关系，仍应受《劳动法》保护。

关于劳动关系和事实劳动关系，在现实生活中有相当多的劳动者没有以口头或者书面形式与用人单位签订劳动协议，往往造成实践中劳动关系中的用人主体难以确定，是否存在劳动关系难以认定。另外，建筑工程这一特殊行业中存在层层转包关系，用人单位往往

以双方之间是承揽、承包、代理关系推脱劳动法上的责任。

我国工伤保险的立法依据是《宪法》和《劳动法》。《中华人民共和国宪法》第42条第2款规定："国家通过各种途径，加强劳动保护"，《中华人民共和国劳动法》将"保护劳动者的合法权益"摆在立法宗旨的第一位。这些足以显见，我国在劳动立法方面针对用人单位和劳动者在劳动关系中的不同地位赋予了他们不对等的权利义务，法律重在保护与用人单位相比处于弱势地位的劳动者的合法权益。据此，属于劳动保护组成部分的工伤保护的首要法律原则和精神应该是：最大可能地保障主观上无恶意的劳动者在生产劳动过程中遭受事故伤害和患职业病后能获得医疗救治、经济补偿和职业康复的权利。目前，该原则成为劳动行政部门作出工伤认定、法院进行司法审查的依据。

本案中，第三人李某与该公司虽然没有签订书面劳动合同，但已构成事实劳动关系。其在工作时间、工作场所内左眼受伤致残，依据《工伤保险条例》的规定应当认定为工伤。

第3节　劳动合同纠纷的原因和处理方法

因劳动合同引起的劳动纠纷有多种，其中包括因订立劳动合同而引起的劳动纠纷，因履行劳动合同而引起的劳动纠纷，因变更劳动合同而引起的劳动纠纷，因终止劳动合同而引起的劳动纠纷，因解除劳动合同而引起的劳动纠纷等。处理因不同原因引起的劳动纠纷，有各自不同的具体要求。

3.3.1　因订立劳动合同而发生的劳动纠纷的处理

1. 对于用人单位与劳动者未订立劳动合同而发生劳动纠纷的，劳动争议处理机关应当弄清未订立劳动合同的原因，在分清当事人责任的基础上，要求有过错的一方向受损失的一方提供一定的补偿，并督促双方依法补签劳动合同，如双方无意继续合作，则解除劳动合同。

2. 对于由他人代签劳动合同而发生劳动纠纷的，劳动争议处理机关应查明代签的原因，并审查劳动合同的内容是否合法。对内容合法的，责成用人单位与劳动者重签劳动合同，对内容不合法的，应宣布合同无效。

3. 对于由于劳动者隐瞒真实情况，导致用人单位误解而与其签订劳动合同而发生劳动纠纷的，劳动争议处理机关查明事实真相后，对不符合用工条件的劳动者解除劳动合同的决定，应当予以维持。

4. 对于不符合法律而发生的劳动纠纷，劳动争议处理机关应当宣布劳动合同无效，然后视违法程度责成责任方承担相应的法律责任。

5. 发生对于订立方式不合法的劳动合同纠纷，劳动争议处理机关应分情况作出处理。内容合法，只是订立方式不合法，一般应认定合同有效，并督促双方补签劳动合同；内容和订立方式均不合法的，应认定该合同无效，并按无效合同的处理方式进行处理。

3.3.2　因履行劳动合同而发生的劳动纠纷的处理

1. 对于不履行劳动合同引起劳动纠纷的，劳动争议处理机关应查清不履行劳动合同的原因，对用人单位无过错的，督促劳动者依照有关规定寻求合理的解决办法；对用人单位有过错的，在要求用人单位履行劳动合同的同时，可以裁定用人单位赔偿劳动者由此而造成的全部损失。

2. 对于履行劳动合同中一方违约引起劳动纠纷的，劳动争议处理机关对不履行合同的劳动者首先应说服教育，督促其履行劳动合同，对仍拒不履行劳动合同的劳动者，应依法追究其违约责任；对不履行劳动合同的用人单位，劳动争议仲裁机构应当依法裁定其继续履行劳动合同。

3. 对于因赔偿问题引起劳动合同纠纷的，劳动争议处理机关应查明劳动合同中的赔偿条款是否合法，并对合法的内容予以保护。

4. 对于第三方干预导致劳动合同无法履行引起纠纷的，劳动争议处理机关应追究过错的第三方的法律责任。

3.3.3　因变更劳动合同而发生的劳动合同纠纷的处理

1. 对于劳动者违反劳动合同规定，单方面要求用人单位变更其劳动岗位、工种或不符合劳动合同约定的上岗条件而要求上岗的，劳动争议处理机关应驳回劳动者的申诉，维持用人单位对此作出的处理决定。

2. 对于用人单位擅自决定改变劳动者的劳动岗位、工种的，对于正常的工作调动，应依法确认用人单位的调动有效；对属于非法调动的，要求用人单位改变决定，恢复劳动者的劳动岗位，并补偿劳动者因此而造成的经济损失。

3. 对于用人单位违反法定程序变更劳动合同的，劳动争议处理机关应当确认用人单位的变更行为不合法，并促使用人单位和劳动者重新协商具体变更事项。

3.3.4　因终止劳动合同而发生劳动合同纠纷的处理

1. 对于用人单位不允许到期劳动合同终止引起劳动纠纷的，劳动争议处理机关应支持劳动者终止劳动合同的请求，对合同期限内劳动者没有实际履行的，有协议的，按照协议处理，没有协议的，合情合理的处理双方的其他正当要求。

2. 对于用人单位附加条件，不允许劳动者终止劳动合同而引起劳动纠纷的，劳动争议处理机关应查明该附加条件是否双方约定，在法律上是否成立，然后根据合同期限届满，劳动合同即告终止的法律规定，裁定劳动合同终止。

3. 对于劳动合同终止后续订劳动合同发生劳动纠纷的，劳动争议处理机关应按照根据生产、工作需要，在双方完全同意的情况下，可以按续订合同的规定要求来处理，对用人单位强迫劳动者续签劳动合同的，依法支持劳动者的请求。

4. 对于合同到期后既不续订又不终止劳动合同引起劳动纠纷的，因合同双方都有责任，对这种事实上的劳动关系，法律不予保护，所以，劳动争议处理机关应依法支持终止劳动合同的申请，由此而导致的其他争执，则由其他法律予以调整。

3.3.5　因解除劳动合同而发生劳动合同纠纷的处理

劳动争议处理机关在处理此类纠纷时应明确：

1. 解除劳动合同是否为合法有效，适用劳动法规是否得当，认定事实是否有偏差，是否有根据。

2. 将劳动合同的解除与行政处分区分开来，有些行政处分可以解除劳动合同，而有些行政处分则不能解除劳动合同。

3. 过失违纪一般不应解除劳动合同；违纪事实未查清的不能适用解除劳动合同的规

定；初次轻微违纪未进行教育的，不适用解除劳动合同规定。

4. 把握违约与解除劳动合同的界限，解除劳动合同是因为用人单位或劳动者违约在先引起的，违约在先是解除劳动合同的法定条件。当事人一方违约在先，另一方据此解除劳动合同是合法的。如果一方故意制造违约条件，并据此解除劳动合同则是非法的。

下面通过三个不同类型的劳动合同纠纷案例来分析合同纠纷产生的原因和处理方法：

【案例一】用人单位与劳动者不能约定解除条件

马某于 2015 年 6 月 1 日进入某建筑公司担任经营策划部部门负责人，<u>劳动合同期限至 2018 年 5 月 31 日</u>，约定<u>试用期</u>为 3 个月。试用期满后，马某的经营业绩一直未能达到公司下达的指标。2015 年 11 月 1 日，应公司要求，马某与单位签署了《个人经营业绩改进计划》，该计划中公司给予马某 3 个月的观察期，马某承诺 2015 年 11 月至 2016 年 1 月期间其本人的经营业绩不低于 2000 万元，如未能完成该经营业绩，马某需自行提出<u>辞职</u>。后马某未能完成该经营业绩。2016 年 1 月 31 日，某建筑公司以马某履行期自行离职的约定为由，要求马某离职并收回了办公电脑、考勤卡等。马某依照公司要求办理了离职手续，但不认为是自行离职。后马某提出仲裁申请，要求公司支付其违法解除劳动合同赔偿金。

【仲裁意见】

仲裁委审理后认为，本案实质上是某建筑公司与马某约定了解除劳动合同条件，但该约定不符合法律规定，故公司要求马某离职的行为构成违法解除，支持了马某的仲裁请求。

【案件评析】

解除劳动合同应符合法律的规定

本案中马某未能完成经营业绩，属于不能胜任工作，按照《劳动合同法》第四十条第（二）项的规定，劳动者不能胜任工作，经过培训或者调整工作岗位，仍不能胜任工作的，用人单位提前三十日以书面形式通知劳动者本人或者额外支付劳动者一个月工资后，才可以解除劳动合同。某建筑公司与马某的约定是在马某不胜任工作时单位可以立即解除劳动合同，且可以不支付解除劳动合同经济补偿金。该约定不符合《劳动合同法》的相关规定，以这种方式解除劳动合同属于违反《劳动合同法》，构成违法解除劳动合同。

【案例二】医疗期内终止劳动合同不合法

吴某（女）为某建筑劳务公司驻工地现场劳务员，于 2014 年 8 月 1 日入职，双方签订了为期 2 年的劳动合同。自 2016 年 6 月 15 日起，吴某一直患病休病假。2016 年 7 月 31 日，劳务公司向吴某发出《终止劳动合同通知书》，终止双方的劳动合同。吴某认为自己尚在医疗期内，劳务公司终止劳动合同违反法律规定，遂申请仲裁要求某建筑劳务公司继续履行劳动合同。

【仲裁意见】

仲裁委审理后认为，按照吴某的累计工作年限和在工地现场的工作年限，吴某的医疗期应为6个月,某建筑劳务公司终止劳动合同时,吴某尚在规定的医疗期内,按照法律规定,某建筑劳务公司应将劳动合同延续至吴某医疗期满或医疗终结后,才可终止劳动合同,故裁决某建筑劳务公司继续履行劳动合同。

【案件评析】

医疗期劳动合同到期应顺延

医疗期是劳动者因患病或非因工负伤停止工作治病休息不得解除或终止劳动合同的期限。医疗期的期限由劳动者的累计工作年限和在本单位的工作年限决定,从3个月到24个月不等。根据《劳动合同法》第四十二条的相关规定,劳动者在规定的医疗期内,用人单位不得依照《劳动合同法》第四十条、第四十一条的规定解除劳动合同。根据《劳动合同法》第四十五条的相关规定,劳动合同期满,劳动者在规定的医疗期内的,劳动合同应当续延至相应的情形消失时终止。

在医疗期内,劳动者依照相关规定享有获得病假工资、相应医疗待遇等权利,因此用人单位应认真学习劳动法律法规,切实维护劳动者的权益。有关医疗期的规定可参照《企业职工患病或非因工负伤医疗期规定》原劳动部(劳部发〔1994〕479号)。

【案例三】临时工是否可以签订无固定期限劳动合同

张某是某建筑总承包公司材料科长,根据公司发展需要,为公司所承接的几个工程招聘工地材料仓库管理员若干名,这些工地材料仓库管理员均为来自社会的临时聘用人员,即我们通常所说的"临时工"。某建筑总承包公司按《劳动法》的有关规定,与其每年签订劳动合同,并按规定给这些人办理了社会养老保险、职工意外伤害保险等。但在劳资业务管理中张某遇到这样的问题,即这些人员都工作十多年了,合同都是每年一签,在新的劳动合同签订时,他们一致要求签订无固定期限劳动合同。某建筑总承包公司人事部门坚持一年一签,不同意签订无固定期限劳动合同,因双方未能就此达成一致,后这些仓库管理员向仲裁委提出仲裁申请,要求与某建筑总承包公司签订无固定期限劳动合同。

【仲裁意见】

仲裁委审理后认为,这些仓库管理员在同一用人单位(某建筑总承包公司)连续工作十多年,当事人双方同意续延劳动关系的,如果劳动者提出签订无固定期限劳动合同的,应当订立无固定期限劳动合同,故仲裁委裁决某建筑总承包公司与仓库管理员签订无固定期限劳动合同。

【案件评析】

首先应当明确的是,自《劳动法》实施以后,用人单位内部员工的身份界限已经被打破,不再有临时工和固定工、工人与干部的身份界限,所有员工统称为劳动者。根据《劳动法》第20条规定:劳动者在同一用人单位连续工作10年以上,当事人双方同意续延劳动关系的,如果劳动者提出签订无固定期限劳动合同的,应当订立无固定期限劳动合同。据此,职工提出签订无固定期限劳动合同必须具备4个条件:一是本单位的连续工龄在10年以上;二是原劳动合同到期;三是用人单位提出续订劳动合同;四是双方同意续订并提出可签订无固定期限劳动合同。因此,《劳动法》调整下即使劳动者在单位工作已经10年以上,在合同的履行过程中是不可以提出签订无固定期限劳动合同的要求的,而且也不能签订无固定期限劳动合同。如果合同期满时，单位不愿意续订合同，劳动合同也自然终止。

但《劳动合同法》实施以后，签订无固定期限劳动合同的条件就发生了巨大的变化。《劳动合同法》第 14 条明确规定，有下列情形之一的，劳动者提出或者同意续订、订立劳动合同的，除劳动者提出订立固定期限劳动合同外，应当订立无固定期限劳动合同，例如劳动者在该用人单位连续工作满 10 年。这就规定劳动者在该用人单位连续工作满 10 年，不管劳动合同是否到期，不管用人单位是否同意，只要劳动者提出订立无固定期限劳动合同，那么用人单位就应当与劳动者签订无固定期限劳动合同。不签订的，根据《劳动合同法》第 82 条的规定，用人单位违反本法规定不与劳动者订立无固定期限劳动合同的，自应当订立无固定期限劳动合同之日起向劳动者每月支付两倍的工资。即用人单位要承担支付双倍工资的责任。

第 4 节　劳务薪酬纠纷的处理方法

发生劳务薪酬纠纷时，当事人双方首先应采取协商的方法解决纠纷，当事人不愿协商、协商不成或者达成调解协议后不履行的，可以向调解组织申请调解；不愿调解、调解不成或者达成调解协议后不履行的，可以向相关主管仲裁委员会申请仲裁，对仲裁裁决不服的，可以向人民法院提起诉讼。

3.4.1　积极磋商，争取协商解决

建筑市场发展越来越成熟，与此同时，建筑施工过程中的争议也越来越多。为了保护自己的合法权益，不少建筑施工企业都参照国际惯例，设置并逐步完善了自己的内部法律机构或部门，专职实施对争议的管理，这已经成为建筑施工企业在市场中良性运转的一个重要保障。要防止解决争议去找法院打官司的单一思维，有时通过诉讼解决未必是最经济有效的方法，对解决争议过程还要考虑诉讼成本和效果的问题。由于工程施工合同争议情况复杂，专业问题多，有许多争议法律无法明确规定，往往造成评审法官难以判断、无所适从。在通常情况下，工程合同纠纷案件需经法院几个月的审理，由于解决困难，法官也只能采取反复调解的方式，以求调解结案。因此，施工企业也要深入研究案情和对策，争取调解，尽量通过协商谈判的方式解决，以提高争议解决效率。在协商解决中，一个很重要的谈判技巧是：站在对方角度思考问题，这有时往往能决定协商谈判的成败。

3.4.2　通过仲裁、诉讼的方式解决纠纷，重视时效，及时主张权利

当事人请求仲裁机构或人民法院保护民事权利，应当在法定的时效期间内，一旦超过时效，当事人的民事实体权利就丧失了法律的保护。因此，建筑施工企业要通过仲裁、诉讼的方式解决建设合同纠纷时，应当特别重视有关仲裁时效与诉讼时效的法律规定，在法定诉讼时效或仲裁时效内主张权利。

1. 仲裁时效，是指当事人在法定申请仲裁的期限内没有将起纠纷提交仲裁机关进行仲裁的，即丧失请求仲裁机关保护其权利的权利。在明文约定合同纠纷由仲裁机关仲裁的情况下，若合同当事人在法定提出仲裁申请的期限内没有依法申请仲裁的，则该权利人的民事权利不受法律保护，债务人可依法免于履行债务。

2. 诉讼时效，是指权利人在法定提起诉讼的期限内如不主张其权利，即丧失请求法

院依诉讼程序强制债务人履行债务的权利。诉讼时效实质上就是消灭时效，诉讼期间届满后，债务人依法可免除其应负之义务。若权利人在诉讼时效期间届满后才主张权利的，丧失了胜诉权，其权利不受司法保护。

法律确定时效制度的意义在于，防止债权债务关系长期处于不稳定状态，催促债权人尽快实现债权，从而避免债权债务纠纷因年长日久难以举证，不便于解决纠纷。

3. 诉讼时效期间的起算和延长

诉讼时效期间的起算，是指诉讼时效期间从何时开始。根据《民法通则》的规定，向人民法院请求保护民事权利的诉讼时效期间为2年，法律另有规定的除外，诉讼时效期间从权利人知道或者应当知道其权利被侵害时起计算。

诉讼时效期间的延长，是指人民法院对于诉讼时效的期限给予适当的延长。根据《民法通则》第137条规定："诉讼时效期间从知道或者应当知道权利被侵害时起计算。但是，从权利被侵害之日起超过20年的，人民法院不予保护，有特殊情况的人民法院可以延长诉讼时效期间。"

下面通过三个不同类型的劳务薪酬纠纷案例来分析薪酬纠纷产生的原因和处理方法：

【案例一】未签合同，两倍工资违约金是否给付

王某在某建筑公司前方项目部从事工地电工工作，劳动合同期限为2015年5月1日至2016年4月30日。劳动合同到期后，王某仍在该公司工地工作，双方未办理劳动合同续签手续。

2016年12月1日，王某提出辞职，双方的劳动关系解除。此后，王某向当地劳动争议仲裁委员会申请仲裁，要求该公司向其支付解除劳动合同经济补偿金3500元，未签书面劳动合同的二倍工资差额及2016年11月份的工资。

【仲裁意见】

2017年1月3日，劳动争议仲裁委员会作出裁决，该公司向王某支付2016年11月的工资4530元，以及2016年4月30日至2016年11月30日未签订书面劳动合同的两倍工资差额31106元，解除劳动合同经济补偿金3500元不予支持。该公司不服，认为双方没有办理劳动合同续签手续的主要原因是王某拒绝签订，故不同意支付未签订劳动合同的两倍工资差额31106元，但同意支付2016年11月的工资4530元。于是该公司向市人民法院提起了诉讼。

【一审判决】

在案件审理过程中，该公司申请证人马某、汤某出庭作证。马某、汤某证明在2016年8月间曾经接到过公司人力资源部的电话，通知王某去签合同，马某将此通知转达给了王某。但对于王某不与公司续签的情况，该公司缺乏证据说明，法院认为该公司仍应负有提示王某续签的义务，且直至王某提出辞职时，公司也未采取任何措施履行此义务。所以，市人民法院一审判决该公司向劳动者王某支付35636元。

【案件评析】

根据《劳动合同法》第三条规定，订立劳动合同，应当遵循合法、公平、平等自愿、协商一致、诚实信用的原则。实践中，在用人单位与劳动者续订劳动合同时，也应当充分体现双方协商的过程。所以，续签劳动合同应当是用人单位与劳动者双方的责任，未签订劳动合同应当由形成未签订事实的过错一方来承担不利后果。根据《劳动合同法实施条例》第六条规定，用人单位自用工之日起超过一个月不满一年未与劳动者订立书面劳动合同的，应当依照《劳动合同法》第八十二条的规定向劳动者每月支付两倍的工资，并与劳动者补签书面劳动合同；劳动者不与用人单位订立书面劳动合同的，用人单位应当书面通知劳动者终止劳动关系，并依照《劳动合同法》第四十七条的规定支付经济补偿。前款规定的用人单位向劳动者每月支付两倍工资的起算时间为用工之日起满一个月的次日，截止时间为补签订书面劳动合同的前一日。上述法律规定分别对未依法签订劳动合同的两种情形做出了具体的约束和规范，为用人单位提供了处理依据和办法。对于用人单位过错，自用工之日起超过一个月不满一年未与劳动者订立书面劳动合同的，应当依法向劳动者支付双倍工资，并与劳动者补签书面劳动合同。对于劳动者过错，在用人单位通知其签订书面劳动合同的情况下，拒绝与用人单位办理签订手续的，用人单位应当书面通知劳动者终止劳动关系，并依法支付经济补偿。本案中，公司在电话通知王某办理劳动合同续签手续未果的情形下，应当立即书面通知王某终止劳动关系，不应再继续使用王某，使事实劳动关系存续。但该公司未能提供充分证据证明公司主动通知王某办理劳动合同续签手续，无法举证王某不与公司续订的情况，所以，应当承担用人单位未与劳动者订立书面劳动合同的法律责任，依法支付2016年5月1日至2016年11月30日未签订书面劳动合同的二倍工资差额。

【案例二】劳务索赔案例分析

2012年4月，C建筑公司承包了8栋住宅楼工程的施工任务。C建筑公司项目经理找到了与之长期合作的包工头刘某，将8栋住宅楼的主体结构的劳务作业任务分包给了刘某，双方以每栋楼为一个计量单位签订了8份劳务分包合同，合同总额547万元。刘某签订合同后，又将其中编号为1号、2号、3号楼（合同总额235万元）劳务合同的作业内容以3份《施工任务书》形式转包给了王某，但该三份《施工任务书》的劳务费总额只有96万元。王某获得三份《施工任务书》后，又将其分别转包给三个施工班长。该三个施工班长获得的三份《施工任务书》的劳务费总额只剩下76万元。

施工过程中，刘某以王某组织施工不力为由，中途解除了与王某签订的《施工任务书》，将已完劳务作业量的劳务费用合计52万余元结算给了王某，王某在签署结算单和收款收条后离开了工地。随后，刘某又将该三份尚未完成的《施工任务书》直接转给了王某原来带领的三个施工班长继续施工。在1号、2号、3号楼主体结构工程完工后，刘某与三个施工班长分别办理了合计36万元的劳务结算书，三个施工班长也签署了收款收条。至此，刘某累计向王某和三个施工班长实际支付劳务费合计88万余元。

在其余住宅楼工程还在进行主体结构施工时，C公司项目经理接到上级通知：要求项目经理部做好各项准备工作，迎接当地主管部门组织的安全文明施工大检查。C公司项目经理担心违法使用劳务队伍的事情暴露，就让刘某找一个有资质的劳务公司来完善原先签订的劳务合同。刘某找到D劳务公司，双方签订了内部承包合同，其中约定：D劳务公司从每份劳务合同中提取8%的管理费后，其余费用都由刘某支配，劳务作业人员全部由刘某自行组织。随后，刘某以D劳务公司的名义与C建筑公司又补签了8份劳务作业分包合同，新补签的合同在承包内容及金额上都与原先合同一致，并在建设行政主管部门进行了备案。刘某也被 D 劳务公司任命为派驻该施工项目的施工负责人，全权负责该 8 份劳务合同的履行。

2013 年 11 月，本案 8 栋住宅楼工程竣工验收后，C 建筑公司与 D 劳务公司就总额为 547 万元的 8 份劳务分包合同进行了全额结算，双方对结算金额无异议。同时，C 建筑公司和 D 劳务公司还签署了《合同履行终止协议》，其中载明："双方所签 8 份合同权利义务已履行完毕，合同终止"。C 建筑公司、D 劳务公司及刘某都在结算书和协议书上签字、盖章。

工程竣工不久，王某获得了刘某属于挂靠在 D 劳务公司名下承揽工程的证据，就带领三个施工班长找到刘某，表示原先按《施工任务书》支付的劳务费太低，要求按照 1 号-3 号楼三份劳务合同价格即 235 万元的标准补偿劳务费。在遭到刘某的拒绝后，王某就带领 167 名农民工到有关主管部门上访。在有关部门多次协调不成的情况下，王某拿着有 167 名农民工（包括其本人及上述三个施工班长）签名并公证的公证书，于 2014 年 3 月以 167 名农民工的名义，将 C 建筑公司、D 劳务公司及刘某等一并起诉到某基层人民法院，要求前述三个被告人按照 1 号-3 号三份劳务合同价格即 235 万元的标准支付被拖欠的"农民工薪金"劳务费合计 147 万余元及逾期付款利息。

王某等 167 人起诉理由是：1. 刘某是挂靠在 D 劳务公司名下与 C 建筑公司签订的劳务合同，根据我国建筑法的规定，该挂靠及借用资质行为签订的合同无效；2. 刘某以《施工任务书》形式将劳务分包合同再次转给王某及三个班长行为无效，该《施工任务书》不能作为结算劳务价款的依据；3. 1 号-3 号楼三份劳务合同都是王某及其雇佣人员实际完成的，因此该三份合同总额 235 万元的劳务合同才是王某等 100 余人进行结算劳务费用的依据；4. 刘某收取劳务结算价款后，仅支付了 88 万元劳务费，拖欠"农民工薪金"劳务费合计 147 万余元；5. C 建筑公司和 D 劳务公司在劳务分包过程中均有过错，应当对刘某拖欠劳务费的行为承担连带责任。刘某辩称：刘某与王某及其三个施工班长之间签订的《施工任务书》是有效的，已经履行和结算完毕，也按照约定全额支付了劳务费，不存在拖欠劳务费问题。劳务作业人员是王某自己雇佣的，工资问题应当由王某自行解决。D 劳务公司辩称：D 劳务公司收到 C 建筑公司支付的全部款项并按照内部承包协议扣除管理费后，其余款项都付给了刘某，不存在拖欠和克扣农民工工资问题。工程所需劳务人员都是刘某自己找的，与 D 劳务公司没有劳动合同关系。C 建筑公司辩称：C 建筑公司与 D 劳务公司签订的劳务合同是经过备案的有效合同，而且 C 建筑公司按照劳务分包合同全额支付了劳务费，不存在拖欠款问题，不应当对刘某与王某等 167 人之间的劳务费争议承担任何责任。

【终审结果】

本案历时两年多，于 2016 年 6 月做出二审终审判决。二审法院认为：

刘某以挂靠 D 劳务公司名下承揽劳务分包工程的行为属于借用资质承揽工程的行为，依法认定无效；

王某等 167 人是该 1 号、2 号、3 号楼三份劳务分包合同的实际施工人员，因此 D 劳务公司应当按照三份劳务分包合同总价款 235 万元对王某等 167 人进行结算，减去已支付的 88 万元，尚欠 147 万余元；

C建筑公司和D劳务公司允许借用资质承揽劳务分包工程，违反建筑法强制性规定，且未能保证刘某将劳务费余款支付给王某等167人，应当对刘某拖欠劳务费用行为承担连带责任。

【案例评析】

根据我国《建筑法》的规定，从事建筑活动的主体只能是依法取得相应资质等级证书的企业或者单位，我国法律是禁止以个人（自然人）名义从事建筑活动的。C建筑公司的项目经理明知相关法律规定却仍然与刘某签订劳务分包合同的行为，以及刘某又将劳务合同以《施工任务书》的形式层层转包，劳务费用被层层克扣的事实，才导致本案纠纷的发生。我国《建筑法》第二十九条第三款规定："禁止总承包单位将工程分包给不具备相应资质条件的单位"。因此，C建筑公司违反法律强制性规定与刘某签订劳务分包合同的行为，是导致其承担法律责任的根本原因。

刘某先前是以个人名义与C建筑公司签订的劳务分包合同，并非代表D劳务公司。因此，C建筑公司与刘某签订非法劳务分包合同及其实施劳务作业的行为，可以视为C建筑公司与刘某及其带领的众多农民工之间形成了事实上的劳动关系。但是，由于C建筑公司对劳动队伍疏于管理，没有发现劳务分包合同被层层转包、劳务费用被层层克扣的情形，也没有与农民工签订劳务合同，因此在诉讼中，C建筑公司无法说明以低于劳务分包合同价格139万元（235－96=139）的差价签订三份《施工任务书》的合理性，也无法证明每一名农民工的工资标准是多少，更无法证明是否拖欠每一名农民工的工资。在这种情形下，根据王某及其三个施工班长只领到88万元的事实，法院参照C建筑公司与D劳务公司签订的劳务分包合同（也是与刘某签订的合同）的价格来处理王某等167人提出的工资或劳务费用争议具有其合理性。因此，法院判决C建筑公司对付款承担连带责任也就成为必然。我国《建筑法》第二十六条第二款规定："……禁止建筑施工企业以任何形式允许其他单位或者个人使用本企业资质证书、营业执照，以本企业的名义承揽工程"。《最高人民法院关于审理建设工程施工合同纠纷案件适用法律问题的解释》第一条规定："建筑工程施工合同具有下列情形之一的，应当根据合同法第五十二条第（五）项的规定认定无效：……（二）没有资质的实际施工人借用有资质的建筑施工企业名义的"。因此，劳务公司出借资质、允许挂靠的行为一旦被发现，就会被认定是违法分包，必然导致合同无效。而且该行为也将被视为与全体农民工之间形成了事实上的劳动关系。当D劳务公司疏于劳资管理，不能证明已经向每一名工人发放工资，不能证明每一名工人都得到了合理报酬的情况下，法院判决D劳务公司对于付款承担连带责任也就成为必然。

【案例三】用人单位拖欠工资可以直接向法院申请支付令吗

2017年1月，王某进城务工，被某建筑公司招用，在该公司工地现场从事收发材料工作，公司与他签订了两年期限的劳动合同。合同约定王某每月工资4000元，同时约定，公司每月只发给王某2500元（当地最低工资标准1890元/月），其余1500元暂时不发，待年底一次结清。2017年9月，王某因子女上学急需用钱，提出要把9个月少发的工资领走，公司坚持双方有约定，应按约定执行，年底一次付清。双方因此发生争议。王某向当地劳动保障行政部门投诉，反映情况，请求劳动保障监察机构纠正该公司违法行为，要求建筑公司支付2017年1月至9月期间每月少发的1500元工资，合计13500元，以及相应的经济补偿金和赔偿金。

【处理结果】

当地劳动保障行政部门的劳动监察机构受理后经查情况属实，责令该建筑公司补发王某 9 个月工资差额 13500 元，并支付王某 20000 元的经济补偿金和赔偿金。

【案件评析】

这是一起典型的因拖欠农民工工资引起的劳动争议案件。本案中的建筑公司的做法，违背了有关工资支付的法律规定，侵犯了农民工的权益。

《劳动法》第 50 条规定："工资应当以货币形式按月支付给劳动者本人，不得克扣或者无故拖欠劳动者的工资"。原劳动部颁发的《工资支付暂行规定》第 18 条规定：克扣或者无故拖欠劳动者工资的，除由劳动保障行政部门责令其支付劳动者工资和经济补偿外并可责令其支付赔偿金。关于经济补偿金和赔偿金的具体标准，原劳动部《违反〈中华人民共和国劳动法〉行政处罚办法》第 6 条规定，用人单位克扣或者无故拖欠劳动者工资的，劳动保障行政部门应责令支付劳动者工资报酬、经济补偿并可责令按相当于支付劳动者工资报酬、经济补偿总和的一至五倍的劳动者赔偿金。劳动保障行政部门对此案的处理是完全正确的。

《劳动合同法》第 30 条规定："用人单位应当按照劳动合同约定和国家规定，向劳动者及时足额支付劳动报酬。用人单位拖欠或者未足额支付劳动报酬的，劳动者可以依法向当地人民法院申请支付令，人民法院应当依法发出支付令"。《劳动合同法》实施后，农民工如果再遇到拖欠工资的事情，就有两种选择，一是到当地劳动监察部门举报和投诉，但可能持续的时间会比较长些。二是直接到当地的法院去申请支付令，由法院向用人单位发出支付令，但如果用人单位提出异议的，支付令则失效，劳动者可以直接到法院去起诉。

第4章 国际工程劳务

改革开放以来，对外劳务合作从无到有，从小到大，逐步发展成为我国对外经济合作的重要内容，为我国"走出去"战略的实施做出了重要贡献。我国是一个劳动力资源丰富的大国，面对当前严峻的就业形势，积极开展对外劳动合作，对于缓解国内就业压力、改善人民生活水平，建设社会主义新农村，构建社会主义和谐社会具有十分重大而积极的意义。

作为对外劳务重要组成部分的国际工程劳务发展迅猛，规模日益壮大。近10年来，我国每年的对外承包工程业务营业额从2004年的138亿美元上升到2013年的1371.4亿美元，同时在境外从事建筑工程的劳务人员总数也产生了近10倍的增长，境外承包工程和对外劳务合作得到了快速发展。大量使用劳务分包队伍参与建设已经成为境外工程建设中一种常见的组织方式。

随着国际工程的逐步壮大，项目劳工管理也备受关注，并被各个项目组作为重点工作内容付诸实践，也是项目管理工作中最难适度掌控、出现问题最频繁的一项工作。国际工程劳务管理工作的好坏直接影响着项目持续稳定发展的重要因素。成功的国际工程劳务管理工作，可以为项目带来可观的经济效益，反之也可以给项目带来隐患，甚至灾难，导致项目严重亏损或失败。这方面的经验和教训是非常深刻的。

第1节 国际工程劳务的特点及管理模式

4.1.1 国际工程劳务的特点

1. 国际劳务管理的概念和重要性

国际工程劳务管理，或称国际劳务工人管理，作为国际工程项目管理的一个重要组成部分，是按照国际劳工组织公约和文件，当地劳动法规、风俗习惯和施工合同对劳工进行科学管理和组织。

在国际项目总成本中，当地人工费一般占5%～10%，但国际劳务管理成功，往往会带来很大效益，反之，管理过程中有些问题处理不好，所造成的直接损失和隐性损失是非常惊人和难以计算的。

2. 国际劳务管理的必要性

（1）国际劳务管理是国际劳工组织公约所要求的。该公约详细规定了劳工管理的要求和标准，我国作为国际劳工组织公约的缔约国也要遵守该协议。

（2）国际劳务管理是每个国际工程所在地的劳动法规所要求的。

（3）国际劳务管理是作为国际惯例的FIDIC合同条款所要求的。FIDIC合同条件专门就国际劳务（LABOR）在工资标准及劳动条件、遣返、住房、健康与安全、食品、供水、节假日及宗教习惯、事故报告等方面作出了详细规定。

（4）国际劳务管理是项目合同所要求的。有的国家要求投标人提供当地税务部门、社会福利局和劳动监管部门的证明文件，证明该企业在当地以往的经营中按规定交纳了各项税费、社会福利费，并没有出现严重的劳动纠纷。标书或合同中也包括详细的国际劳务管理条款。

（5）国际劳务管理直接影响到工程的经济效益、进度和工程质量。

（6）国际劳务管理影响到企业在所在国的信誉和发展。

3. 国际劳务管理的职责

各个国家的劳动法规不尽相同，但国际劳务管理的职责基本上是相似的，一般包括以下方面：

（1）招聘职工。首先是根据工程进度计划确定项目用人计划和招聘计划。招聘计划包括招募职工的工种、数量、开工时间、用工期限、是否签订合同等。一般情况下，有专业技能且用工时间较稳定的岗位定为合同工，例如建筑技工、司机、机手、机修工、领工等，而没有专业技能或用工时间不长的岗位可定为临时工。有些国家规定劳动合同分定期合同和不定期合同，超过两年的合同则被视为不定期合同，其解聘程序及解雇费均不同。

（2）根据劳动法和项目具体情况，制定用工考勤、工资级别、加班费、工人福利和补助等方面的规定。

（3）安排职工事假、技术放假和带薪年假。其中技术放假是指在施工材料或机械供应不上、雨季或其他原因临时停工时，对合同工给予的放假安排，期间待遇一般为工资标准的30%。如果没有安排工人带薪休假，则需要将带薪休假期间的工资和津贴在劳动合同结束时支付给职工。

（4）计算、代扣和向有关部门交纳工人个人所得税和工人社会福利费。

（5）职工违纪处理。

（6）解除合同。具体又分为合同到期的劳动关系解除和由于经济原因而解雇职工两种情况。

（7）处理项目组与当地政府和当地人民的外部事务。

（8）负责职工的培训和考核。

4. 不同建设阶段国际劳务管理的不同工作要点

（1）项目准备阶段

工作内容是国际劳务管理的岗位设置、制定用工计划和招聘计划、制定劳工管理企业内部管理条例。一般大项目要专职设置专门的劳务管理岗位，小项目可由项目经理或者翻译兼任。此阶段工作特点：

1）劳动用工量要以均衡为原则，不能大起大落。这要求施工组织设计时，对施工进度计划进行劳动用工量优化和平衡。

2）根据所在国的国情确定劳务管理重点。各国的劳动法大同小异，但每个国家的法制意识、风俗习惯、宗教信仰、工会影响力和道德观念却差别很大，需要确定不同的劳务管理策略，制定相应的企业内部管理条例。例如某些国家工人的法制意识比较强，这就要求严格按照劳动法进行劳工管理。某些国家工人的法制意识相对较弱，时有盗窃现象发生，这就要求重点加强培养工人的纪律意识和忠诚度。

（2）项目实施阶段

1）要按照劳动法规、劳动合同和内部管理条例进行劳务管理，加强人力资源建设，培养忠诚度和团队精神。对当地职工和人民要平等、诚信、尊重和以礼相待，不能压低和克扣工资待遇。对工人的违纪处理，要以教育为主，惩罚为辅，以免引起工人骚乱和罢工。

2）要尊重当地人民的风俗习惯和宗教信仰。很多国家的风俗习惯根深蒂固，而且宗教氛围浓厚，主要有伊斯兰教、基督教和天主教等。例如，有些国家非常重视项目的开工仪式和祭祀活动，认为这样能够带来平安和好运，所以项目组最好能够安排这个仪式，邀请当地领导、宗教人士、职工和村民参加。再例如在伊斯兰教的斋月，职工白天不吃饭也不喝水，到了下午工人的工作效率便非常低，精力也不集中，所以可以安排中午工作不休息，下午早下班，避免延长工作时间。再例如，伊斯兰教的开斋节和宰羊节就如中国的春节一样隆重，所以最好当天放假。

3）要充分尊重和依靠当地政府官员和宗教领袖。要和政府官员及宗教领袖建立良好的关系，利用其威望和帮助解决实际问题。

4）要认识到并利用工会领导人和德高望重职工的影响和作用。按照劳动法规定，职工人数超过一定数量，就必须成立工会。因为工会是全体职工利益的代表，所以工会领导人的作用就非常重要。另外，工人非常重视师徒辈分和技术水平的高低，辈分高、技术精湛的职工非常受尊敬，管理学称这些人为无形领袖，他们在工人中的作用不可低估。

5）要注意搞好项目组与施工现场附近村民的关系。在经济不发达地区，附近村民常会向项目组提出就业、修路、打井等要求，虽然这些要求并不一定是项目组的义务，但项目组要仔细权衡是否满足村民的要求。一般来说，在力所能及的情况下，应尽量满足当地村民的要求，以此培养和当地村民的关系。

6）要尽量采取包工的形式。本地化是跨国经营的趋势，采取包工形式，可以让当地人管理当地人，减轻中方管理人员的工作负担，节俭工程成本，避免出现劳动纠纷。劳动法关于包工有详细的规定。包工头要有合法有效的身份证件，否则出现包工头逃匿而没有支付给工人工资的情况，企业对工人工资负有连带责任。包工合同中要写明合同价款包括工人的工资、津贴、社会福利费等全部费用。企业向包工头支付包工费时，要有工人代表在结算单上签字以作证明。企业还要监督包工头向工人发放工资。实践证明，对于重复性较强且劳动密集型的工作，包工形式是行之有效的。

(3) 项目收尾阶段

1）对于诉讼到劳动法庭的劳动纠纷，企业最好聘请当地的律师作为代理。按照劳动法规定，劳动纠纷首先由劳动代表协调解决，协调不成，可以诉讼到劳动法院。项目组要尽量避免将劳动纠纷转移到法院。对待法院的传唤要严肃对待，不能置之不理，最好聘请当地律师。当地律师熟悉法律条文和程序，可以依法保障项目组的权益，而且律师往往采取拖延时间的办法，迫使诉讼人放弃诉讼。大项目也可以聘请律师作为长期法律顾问。

2）做好项目组收尾时的劳务管理资料整理和交接工作。资料包括劳动合同、包工合同、工资单、考勤表、休假工资单、各种补贴收据、个人所得税和福利费收据、解雇文件和劳动纠纷材料等。因为劳动纠纷有时是在项目完工后提出的，所以资料交接要清楚，防患于未然。劳动纠纷没有解决的，项目组当事人或者负责人不能离开当地国。解决的劳动纠纷要有书面证据。

劳务管理要因国家、地区和项目组大小等具体情况而灵活掌握，不能千篇一律，生搬硬套。中国外经企业开拓新市场或者成立新项目组时，负责劳工管理的人员都要尽快熟悉当地的劳动法规、风俗习惯和宗教信仰，制定完善的劳工管理计划。负责劳工管理的工作人员要具有良好的心理素质，乐观开朗，善解人意，能够和不同人员沟通和交流，最好聘任具有在中国留学经历的当地人经办具体事务。随着全球社会法制意识、以人为本意识的提高及强制性标准的实行，劳工管理将日益严格、精细、复杂和重要，我国外经企业目前的粗放型劳工管理模式必须与时俱进，完善发展。

4.1.2 国际工程项目劳工管理模式

我国建筑业在最初走向国际建筑市场时，劳动力成本是最主要的优势之一，所以在海外工程项目的建筑施工过程中，主要是以国内劳动力为主。但是，随着国内人力成本的不断上升，这种优势已经开始逐渐减少，比如相对印度、巴基斯坦、孟加拉国和尼泊尔等国家，我们国家的劳动力成本优势已经不复存在。不过鉴于我国海外工程承包的历史情况，由于目前国内建筑公司的人员构成以及国内建筑企业的管理水平等各方面的原因，很长一段时间之内，国内建筑企业进行海外工程承包仍然会以国内劳动力为主，不过在海外工程项目中外籍劳动力的使用比例会不断增加。

1. 建筑工程中的主要劳务管理模式

（1）总分包模式

在这种模式下，总承包商将整个工程整体承包给分包商，合同的模式一般为费率合同，总承包商只是在业主的发包价格基础上提取一定比例的管理费，分包商有完整的管理架构，承担相应的管理、工期、质量、安全等各方面的责任，总承包商为其提供合约方面的指导和服务。

此种模式对于总包商是风险最小的一种模式，在过程中总分包商之间的工作界面的界定，对分包的日常管理、合同结算等也都比较容易。这种模式的实施有以下一些要求：

1）分包商必须具有完整的项目管理团队。

2）分包商的管理能力和风险承担能力较强。

3）分包商对实施的环境比较熟悉，对于可能出现的情况能够有充分意识并能够承担起风险。

（2）劳务分包模式

目前在海外项目中，最常见的模式就是劳务分包模式，在这种模式下，分包仍然有相对完善的管理机构，但是相对第一种模式下比较薄弱，在这种模式下，一般分包只提供人工，而总承包商提供所有的材料，分包商和总承包商之间的结算方式采用工日单价结算，结算的基础目前常见的是采用国内的标准定额。

由于在海外项目中，总包商相对分包商具有更大的风险承担能力，所以这种方式可以避免第一种方式中分包商承担过大的风险，同时由于劳务分包相对于大中型建筑企业在工人管理方面更有优势，所以相对于总包商的完全自营，又能发挥分包商在工人管理上的专业优势，所以这种方式也是目前最常采用的一种方式。

而且，在海外项目中，虽然劳务分包承担着对于工人管理的责任，但是一般这类分包的管理能力和承担风险的能力都比较薄弱，而在海外项目中，目前大量的工人都是从国内过去，这就造成工人是一种垄断性资源，所以对于工人的管理比较困难，因此在海外项目中，经常会出现工人罢工、怠工等各种各样的问题，分包并没有承担这些风险的能力，这些事件最后都会给总包商造成严重的损失。

（3）自营管理模式

鉴于总分包模式在海外项目中对分包商要求很高，而劳务分包模式也有各种弊端，所以现在很多海外项目中，总包商也开始进行一定程度的劳务自营管理，作为劳务分包模式的补充。

在自营劳务管理中，最常见的模式还是项目部直接雇佣工长、班组长等，对于工人进行完全的直接管理，这种模式是一些以提供劳务的集体企业、私营企业主要采用的方式，目前一些进行海外工程承包的总承包商为了更好地对工人控制，也开始在一些项目采用直接管理工人的模式，在这种模式下，总承包商可以对工人进行更深入的管理和更严密的控制，避免现在常采用的劳务分包的模式中经常会出现的问题，如罢工等。但是现在在海外进行工程承包的总承包商一般并不善于进行劳务的管理，因此进行这种模式的操作对于总承包商的劳务管理的能力的要求会很高。

我国进行国际工程承包事业已经开展30多年，而近几年更得到迅猛扩张，但是在扩张的过程中，内部管理的低水平以及近几年以来各种成本的上升，使得国际工程承包企业无法适应外延的扩张的需要，特别是劳务管理更是开始逐渐凸显各种各样的问题。因此，劳务分包、自营管理等模式自身也需要不断发展和改进，以适应国际工程承包市场的需要。

第2节　输出劳务在其他国家造成劳务纠纷的处理方法

随着中资公司国际工程市场业务的迅速扩展，国际工程对劳务输出的需求越来越大，劳务输出管理已经成为国际工程项目管理的重要内容之一，劳务管理的好坏，直接影响到国际工程项目履约的成败。目前在建的国际工程项目大部分存在着不同程度的劳务管理风险。在全球金融危机的特殊时刻，总结国际工程项目成功的劳务管理经验，吸取失败的劳务管理教训，对加强和指导国际工程项目劳务管理工作显得尤为迫切。下面以某国家劳务纠纷为例进行分析。

4.2.1　事件概况

目前我国在某国的劳务人员约3000多人，分别从事纺织、建筑、造船、农业等领域的工作，多数是建筑工人，大多是通过国内多家不同的劳务中介公司分别与外方中介合作办理赴该国手续。

近段时间以来，几乎每天都有几十名中国劳务人员来到我国驻当地大使馆，请求使馆协助解决他们面临的劳务纠纷和种种困难。随着时间推移，在当地务工的中国建筑工人大规模前往中国驻该国使馆请愿。据最初频繁请愿的300多人反映：

（1）他们来当地务工半年多，中介机构和雇主一直未能为工人办妥合法务工和居留手续，使许多人实际上成了"黑工"；

（2）到当地后实际领取的工资与国内派出单位当初的承诺有出入。中介公司承诺可以在当地打工三到五年，每月工作200多个小时，时薪为3欧元，不少劳工为此缴纳了近十万元的出国服务费。但他们只干了半年，签证就到期了，此时有的才挣了不到3万元；

（3）当地雇主随意更改合同，克扣和拖欠工资的情况时有发生，劳工的工作生活环境迅速恶化。经中国驻当地使馆催促，国内各相关方分别组建联合工作组，同工人们面对面商讨解决方案；与此同时，使馆方面积极同当地移民局等机构交涉，为工人们顺利离境办理有关手续，并争取免除了这些工人因签证过期在当地"非法滞留"而本应缴纳的巨额罚金。在使馆的积极配合下，各地工作组采取谈妥一批回国一批的方式，因务工居留手续出问题而在当地"非法滞留"的 300 多名中国务工人员基本都顺利回国。

目前，我国驻当地大使馆建议，由于当地房地产市场严重萎缩，市场对建筑工人的需求大大减少，建议国内暂停向当地输出建筑工人。商务部亦发出警示，各对外劳务合作企业须严格按照国家有关规定审慎开展业务，公民赴境外务工需谨慎。

4.2.2 事件原因分析

此次劳务纠纷事件中的劳务人员，出国的时间不同，雇主不同，从事的行业也不尽相同，由于种种原因产生的劳务纠纷和问题也有很大区别。既有诸如金融危机导致在建项目停工，雇主支付能力下降，当地失业率上升，劳务输入国对外籍劳务的需求减少，务工人员开工不足，实际收入下降等客观原因，也有两国劳务中介公司管理不善、个别中介收取大量中介费等人为因素。

1. 全球金融危机造成建筑市场衰退

国际劳工组织报告指出，受金融危机冲击最大的是普通劳动者；受影响最为严重的行业是：建筑业、汽车制造业、旅游业、金融业、服务业和房地产等。受金融危机影响，大量建筑企业开工不足甚至部分完全停工，对外籍劳务的需求大幅度降低，已出国人员难以保障足够的工作时间。

2. 人民币升值和外币贬值双重挤压，劳务人员收入缩水

按照现行国际货币结算体系，劳务人员在国外的收入需要首先兑换成美元或欧元汇回国内，然后，再由美元或欧元兑换成人民币，形成现实购买力。外币汇率和人民币汇率直接影响着劳务人员的切身利益。2005 年 7 月，人民币汇率形成机制改革前，1 美元兑换 8.2 元人民币，而现在 1 美元只能兑换 6.45 元人民币。金融危机后，外币对美元、欧元又大幅度贬值，贬值率为 20%～40%，直接导致劳务人员的美元、欧元收入减少。在人民币升值和外币贬值的双重挤压下，劳务人员汇回国内的收入缩水了 40% 左右。

3. 国内劳务中介公司的违规操作

我国每年通过中介劳务输出到境外打工者有 30 万人左右，总量 3000 多万，多数集中在日本、韩国和新加坡，所从事的行业已从建筑业扩展到农业、服务业和环境保护等行业。随着海外劳工人数的急剧增加，纠纷越来越多。出国劳务纠纷的始作俑者往往是一些不规范的中介公司，此次劳务纠纷事件也不例外。良莠不齐的中介公司暴露出的问题越来越多，无证照经营、超范围经营、虚假宣传、设置中介陷阱、设立格式合同霸王条款等行为屡见不鲜。这些没有资质的中介公司靠赚取人头费生存，在国内招工时层层转包，结果收费层层加码，大大增加了外出务工人员的经济负担；有的中介公司涉嫌虚假承诺，使工人期望过高，对务工风险估计不足；还有的中介公司把关不严，一些工人技术不过关，无法保质保量完成工作，成为雇主克扣工资的理由。

4. 外派劳务企业管理不善

按照国内有关规定，外派劳务企业在派出劳务人员出国前应按有关规定征求使馆的意见，并有责任对境外劳务人员进行管理。然而，不少公司普遍存在"重派出、轻管理"的问题，一些公司尽管派出的工人成百上千，却没有按规定派遣管理人员在当地负责，及时处理工人务工中可能遇到的问题，造成工人有事便找使馆。有的公司在使馆反复催促下才派人，不仅使使馆的正常工作受影响，还错过了解决问题的最佳时机。

4.2.3 此次劳务纠纷事件对国际项目劳务管理工作的启示

本次劳务纠纷事件,从表面上看是国内少数劳务中介公司的违规操作造成的,但从深层次来看则是全球金融危机给对外劳务合作工作带来的不利影响。目前中资企业所承担的国际项目往往工程规模巨大,自身资源不足,施工单位不可避免地要从国内派遣大量的技术人员和普通劳务前往项目所在国实施项目。但这些项目实施单位的管理水平参差不齐,其潜在的劳务管理风险不言而喻,一旦出现不能有效管理劳务的情况,将会给整个项目带来难以估量的损失,并对中国整体国际形象和声誉带来负面影响。

因此,必须密切关注金融危机及国际形势给外派劳务项目带来的影响,未雨绸缪,积极采取措施,切实加以防范,规避可能出现的劳务管理风险。项目实施单位要严格劳务资格审查标准、程序,切实做好外派劳务的备案工作,实现劳务管理关口前移,并健全境外劳务纠纷突发事件应急处置机制,为工程项目的实施提供可靠的人力资源保障。

在工程项目的施工阶段没有正式展开之前,国际项目实施单位必须清晰劳务队伍的管理思路,把握工作的主动权,研究中资公司在国外劳务管理的惨痛教训,围绕"让劳务有活干、有钱挣,让劳务放心拿到钱,让劳务安心工作,安全回家"这些劳务最为关心的问题,切实做好国际项目的劳务管理工作。

4.2.4 以人为本的人性化管理,解决劳务的后顾之忧

劳务是项目履约的重要载体,项目实施单位要充分尊重劳务,密切关注劳务的思想动态,按照"以人为本"的原则,通过为劳务提供安全保障,改善生活和居住条件,以走访慰问送温暖及和劳务共庆佳节的方式,感化劳务,凝聚人心,将"人情味"融入日常的生产、生活管理当中,充分调动劳务的积极性,最大限度地发挥劳务的工作热情。项目实施单位还应该及时帮助劳务解决工作和生活中的实际问题,保证劳务队伍的稳定。

此外,项目实施单位应在劳务招聘阶段入手,加强外派劳务出国前培训,并取得《外派劳务培训合格证》,无证人员一律不得办理签证。在培训中应如实告知派往国别(地区)工资待遇、工作生活条件等情况,并教育外派劳务遵守当地法律法规;在劳务进入工地后,迅速建立起由项目实施单位、各相关方、外派劳务人员代表等共同构成的外派劳务人员对话沟通机制,在工作中对外派劳务人员诉求予以充分重视和及时疏导。项目实施单位应指派专人负责在项目现场全面了解和掌握外派劳务思想动态,受理外派劳务人员代表反映的有关情况。

4.2.5 结语

劳务输出管理工作是对外承包工程项目管理中的一项重要工作。目前,世界金融危机对我国对外劳务合作的不利影响已经显现,使得劳务人员实际收入大幅下降、境外雇主支付困难、拖欠工程款等现象多发,劳务纠纷和突发事件增多。在这个特殊的时刻,既要抓住机遇,保证平稳快速发展,还要未雨绸缪,避免各种不利因素叠加聚合;更要不断增强工作的主动性、预见性和科学性,切实加强国际工程项目的劳务管理工作,确保在建项目顺利履约。

第3节 国际工程劳务制度的建立

由于社会背景不同、语言、生活风俗习惯各异,国际工程项目劳务人员具有多样性、

复杂性的特点，这就要求通过建立劳务管理体系，制定劳务管理制度，来约束劳务人员的行为，以达到劳务管理的目的。

4.3.1 劳务进场考核制度

严格劳务录用标准和录用程序，要考虑是否有类似的施工经验，看是否在本单位或本系统内工作过，并逐一进行单项工序的实际操作考察，避免将低技术水平、低素质的劳务人员带到海外国际工程现场。

4.3.2 建设过程中执行相应的制度管理

在项目进展过程中，要制定相应的管理制度。如质量管理制度、安全管理制度、材料管理制度、后勤管理制度、工资发放管理制度、合同管理制度等。

在国际工程项目中，由于劳务选派模式、劳务人员管理多元化，劳务管理难度较大，只有强化制度管理，采取多元化手段，才能不断提高企业管理水平，降低成本，增强企业的核心竞争力。

4.3.3 建立劳务监察机构

在公司总部层面成立并健全专门国际工程项目对劳务管理的监察机构。该机构应由公司人力资源部与国际业务部门牵头，由公司经营管理部、项目管理部、法律事务部、审计监察部等国际项目相关职能部门人员和国际部的人力资源办共同组成，此机构的基本职责是对工程项目中的劳务申报使用资料进行全面审查，对项目中劳务的使用和管理情况，提出针对性的指导建议，一年中不定期检查指导项目中的劳务管理工作，对违规情况进行处罚批评。

4.3.4 健全劳务整体管理机制

初步健全了国际工程项目内部统一的对劳务进行管理的机制，对劳务总体数量进行严格控制，对劳务有一定约束性的防范、管控措施，尽量使劳务来源多元化，并且要合理搭配安排各种类型的劳务，并对其薪酬待遇和其他工作条件进行详细约定。

4.3.5 建立劳务风险评估与备案制度

要建立工程项目对劳务管理的风险评估，建立预案制度。国际项目部在招用劳务之前，要对劳务的优缺点、招聘渠道和程序、所处法律环境及可能出现的各种风险问题进行全面评估，制定具有针对性的应急处理预案，对风险的评估和处理预案要及时上报公司劳务监察机构。

4.3.6 完备劳务申报备案与定期报告制度

建立国际工程项目劳务申报、备案与定期报告的管理制度，国际项目部要及时将劳务风险评估资料、劳务问题应急预案上报给公司劳务监察机构。另外，国际项目部每月上报项目劳务使用情况，保证公司总部及时了解各种情况。

第4节　国际工程劳务的使用和管理实践

中国进行国际工程承包已经接近40年，而近几年更是迅速扩张，但是在扩张的过程中，各种各样的问题也开始逐渐凸显，特别是2007年以来各种成本的上升，使问题更加突出，这些问题的核心其实都是迅速扩张与内部管理水平不相适应导致的，而劳务管理也是国际项目中自身管理水平的一个方面。很多时候，内部的变革都是因为外部形势所迫。

所以，在未来的国际工程承包中，将会从现在的规模的扩张，转为对内部管理水平的提高，而国际劳务使用和管理水平的提高将会是国际项目管理水平提高的一个重要方面。

下面以我国在科威特的一个建设工程为例，探讨国际工程劳务的使用和管理实践。

4.4.1 成果背景

1. 社会背景。科威特号称"中东之鹰"，其综合国力及经济实力在中东国家尤其是海湾六国中比较靠前。前几年科威特受益于高油价，财政盈余大幅增加，政府积极筹划重建地区金融、贸易、旅游业中心，加大了基础设施建设投资力度。

科威特以其大量的财政盈余保障其建筑业的增长，呈现出巨大的建设热情和发展潜力，为国际工程承包商提供较大机遇。中资公司也积极响应党中央"走出去"的发展战略，参与到科威特国际工程承包市场竞争中。

2. 行业背景。科威特国人口约270万，其中科威特籍人约100万。首都为科威特城，常住人口约70万人。其本国人员大多任职于政府机关及企业的高端管理岗位，其他的管理岗位和劳务岗位均由外国人员担任。由于建筑市场的蓬勃发展，劳动力在本地成为了稀缺资源，所有劳务均是由第三国输入。目前，持有科威特工作签证的外国劳务人员主要来自埃及、印度、巴基斯坦、孟加拉国、朝鲜等。通过对当地建筑劳务市场的考察和实践，最具竞争优势的当属朝鲜人。

3. 工程简介。科威特866项目合同总价16050万KD（约￥38亿元），合同内容包括1475套别墅以及多层建筑、幼儿园、小学、中学、高中、清真寺、煤气站、商业中心、警察局、政府楼、医院、商店、急救大楼等40项公共建筑及公辅系统组成的多功能住宅小区。占地面积方圆2平方公里，总建筑面积约85万m^2。

4.4.2 选题理由

1. 国际工程劳务资源的需求。在国际建筑工程中，中国劳务成本高，已经失去了国际劳务的竞争优势，而科威特866项目根据项目策划人力资源需求为3500人，所在国科威特国面积较小，本国人大多任职于政府机关及企业的高端管理岗位，劳务岗位均聘用外籍人员。当地的建筑市场的劳务人员极度匮乏，如果仅局限于从当地的建筑市场寻找劳务则无法履行合同要求。因此在国际工程中如何有效解决劳动力需求是项目成功运行的必要条件，是一个值得探讨的课题。

2. 国际工程劳务管理的发展趋势。从国家的发展来说，工人的成本优势的消失，代表着国内生活水平的提高，因为人力的成本优势就代表着国内生活水平的低下。但是从项目管理来看，人力资源成本增高给国内建筑企业的海外工程承包带来极大的挑战。也正因为如此，现在很多国内企业在海外工程承包中已经开始使用国外的工人，这是一个发展趋势，因为中国企业在海外的分支机构，无论是从管理人员，还是到基层的工人，基本上都是使用国内的人员，对于外国员工的使用一直是比较弱的，相比而言，在国内的外资企业，除了一些关键的岗位，都是以国内员工为主。中国的企业在海外的业务中，如果不能做到这一点，那么就只能是一种低水平的人力、劳务的输出。因此在国际工程中属地化管理是发展趋势。这就需要我们采取开放式思维和理念来引进和管理外籍劳务。

4.4.3 实施时间表

实施时间表　　　　　　　　　　　　　　　　　　　　　　　表 4-1

总体进展时间	2010 年 10 月至今（持续进行）	
分阶段进展时间表		
管理策划	2010.10-2011.2	在项目策划阶段，对项目的劳务的使用和管理进行立项研究，探讨适合当地的人力资源管理成果
管理措施实施	2011.3-2013.4	根据人力资源策划，结合现场进展情况引进外籍劳务，采取多种管理措施科学实施、梳理、总结
过程检查	2011.3-2013.4	结合科威特国情和项目情况，持续改进管理策略，不断完善管理制度
取得成效	2011.5-2013.4	项目实施过程中成功地解决了项目人力资源短缺问题，使得项目人工成本节约了 18%，取得了一定的社会效益

4.4.4 管理重点与难点

1. 严格的代理制度和准入制度限制了外资公司在该国开展业务。科威特国在海湾六国属于相对较保守的国家，要求进入该国市场的所有外资公司严格执行代理制度，均需要选择一家当地科威特人注册的公司作为代理方能开展各种业务。

2. 合同条款几乎苛刻。科威特当地建筑市场的投标均是采用最低价中标，合同条件比较苛刻，而且参与项目管理的人员还须是经过科威特政府部门批准注册的方能胜任，任何项目都要求聘用常驻科威特、经过注册的工程师和工长来开展日常工作。

3. 劳动力资源需求量大。科威特 866 项目属于超特大劳动密集型房建项目，所需管理人员非常多，而且劳动力资源种类繁多，数量巨大。本项目不仅需要一定数量通过认证的外籍工程师（如项目合同要求最低限额 148 人），而且还需要大量的劳务作业人员（如木工、钢筋工等），项目策划的人力资源需求计划多达 3500 人。

4. 劳动力资源非常匮乏，引讲管理第三国劳务周期长、组织管理难度大。科威特市场的劳动力资源远不能满足项目需求，承包商从其他国家引进项目所需人力资源手续复杂繁琐、周期长（如仅审批周期至少需要 3 个月），组织管理难度非常大。

5. 企业管理水平及参与项目管理人员的综合素质要求高。该项目引进和使用的劳务人员多分布于 10 个国家（如埃及、印度、巴基斯坦、孟加拉国、朝鲜、越南、菲律宾、土耳其、泰国等）由于上述不同的国际劳务人员彼此间都存在语言、文化、生活习惯、宗教信仰、管理方式以及思维模式等差异，管理难度高。因此对项目管理人员提出了更高的要求。

6. 管理的重点。就是组建高效、精干的外籍管理团队，因地制宜建立健全项目管理体系；成功引进并使用项目所需的廉价的第三国劳务，同时创造良好的条件，采用科学合理的承包模式来提高劳务队伍的主观能动性，进行精细化和人性化的管理。

4.4.5 管理策划及创新

1. 管理策划

主要策划内容：以科威特 866 项目为平台及试点，推行"管理属地化、劳务第三国化"，创新总结出符合科威特国情的管理措施和方法，力争在科威特建立第三国劳务基地。

策划原则：因地制宜地开展此项管理活动，对项目所在国科威特进行充分的市场调查和科学分析，有针对性地引进和使用廉价的第三国劳务，采用精细化和人性化的管理方式，在过程中持续改进。

2. 创新特点

创新管理理念：摈弃传统的国内项目管理思路，以开放式思维来思考和策划国际工程承包项目的各项管理工作，大力推行属地化管理，吸纳并大胆使用有经验的外籍管理人员，充分利用当地注册的外籍工程师以及外籍承包商的优势和资源来开展各项业务活动。逐步因地制宜地建立健全符合科威特国情和项目特点的各项管理体系，以项目为载体选用符合国际工程承包要求的专业技术人才和管理人才以及劳动力资源。在项目中将"外籍人管外籍人，专业人做专业事"的属地化管理理念灌输到项目管理团队。

创新管理模式和管理手段：国际工程承包项目与国内的项目管理存在很大差异，而建筑施工行业又属于劳动密集型行业，普遍存在管理粗放性的现象，传统的管理模式与行业发展和社会进步的要求之间的矛盾越来越突出，更不能适应日益增长的国际工程承包项目业务的要求。科威特866项目结合工程特点和要求，在项目中大力推行管理属地化和第三国劳务化相结合的管理模式，采用专业分承包和劳务分包相结合的经营模式。组建外籍工程师管理团队，执行区域工程师负责制，将项目化整为零，落实责任范围和指标，建立考核和激励机制。针对项目劳务需求大的特点，寻求多种渠道引进第三国劳务人员，交付各区域工程师和工长采用精细化和人性化手段日常管理。

增进互信与合作，推动和谐共赢：随着时代的发展和社会的进步，社会分工越来越细，专业性越来越强，任何企业和个人的发展都需要相关方的支持与合作。通过精细化和人性化的管理活动，本项目的中、外管理人员建立了良好的互信与合作关系，彼此之间能够很好地融合在一起共同推动项目进展，努力达到互利共赢。

4.4.6 管理措施

1. 组建高效、精干的外籍管理团队，建立相应的考核机制。通过招聘和引进经科威特政府认证的外籍工程师组建外籍管理团队，建立管理考核淘汰机制。以中资公司项目管理的规章制度为基础，结合科威特当地的法律及阿拉伯风俗习惯等客观情况，编制外籍管理人员劳动合同范本，同时制定符合本项目实际情况的各项英文版的规章制度，要求其遵守相关管理规定和制度。为了有效地提高管理效率和外籍管理人员的积极性，建立相应的考核机制。由于科威特是个高福利国家，其法律对于福利也做了很多相关规定，为了不与科威特法律发生冲突，既要降低外籍人员管理成本又要提高其积极性，在实施过程中可制定低薪酬包干、高加班绩效制度，对其进行定量和定性考核。经定期考核达标的外籍管理人员继续留用，对于连续不达标的则及时辞退。

2. 引进和管理属地化的专业分包商和第三国劳务分包商。在外籍专业分包商引进问题上应该根据科威特房建项目需要，充分依托他们所具备专业资质和自有资源来补充项目的劳务需求。由于这些专业分包商大多具备一定的实力，合同条件较高，需要通过长期和艰难的谈判方可签订合作协议。在项目实施过程中建立外籍专业分包商周例会制度和专题会议制度，安排专人管理外籍专业分包商，每周组织召开例会，根据需要随时召开专题会议，协调解决各专业之间问题，并安排督促其按进度计划完成各项工作任务。在外籍劳务分包商引进问题上：应该从劳务资源方面选择确定使用第三国劳务队伍；从劳务渠道方面选择使用代理（输出）公司还是直接到第三国进行劳务考察录用；在管理方面，应优先考虑成建制的劳务公司，因为成建制的劳务公司有较为健全的管理组织机构和丰富的施工经验，易于现场管理，可以依据明确的计量单位签订劳务包干合同，按合同条件提供相应的材料和机械设备，根据实际完成工程量进行结算。为了更好地发挥其人工费成本优势，可有针对性地制定相应的措施来保障和促进外籍劳务公司的各项工作进展；而零散劳务人员不成建制，需要加大培训和沟通力度，有一定的协作磨合期。

第三国劳务的使用和管理措施：首先劳务资源的选择应针对工程所在地国家采取符合该国国情和政策的方式去灵活处理。第三国劳务队伍选择的范围可确定在朝鲜、埃及、印度、越南、泰国、土耳其等国家。一方面这些国家建筑工程人工成本相对国内要低得多，另一方面这些国家每年也鼓励本国具有海外营业资质的劳务公司有组织地输出地大量劳务人员。

其次对于劳务资源的渠道选择和现场管理方面要根据当地的法律法规和项目的相应管理制度执行；在劳务合同的签订方面，采取计时方式（此方式主要针对那些工价较低，用于不便于计件的工作或充当其他技术工人的小工的零散劳务人员，但是管理难度较大）和计件方式（单价包干和总价包干）相结合，针对不同情况选择不同的方式作为合同的结算签订形式。

3. 营造融洽的沟通氛围。由于中方、外管理人员均来自不同的国家，彼此间的语言、文化、宗教信仰、思维方式、风俗习惯等都存在较大的差异。为了更好地相互融合，按部门集中办公、增进彼此沟通，营造良好的工作氛围，便于更好地推动各项工作进展。

4. 关心外籍劳工生活，体现人文关怀。为了给外籍管理团队和劳工提供一个身心健康的工作环境，我们在建设美化生活区的环境，提高劳工住宿营地的建设标准的同时安排专人定期到外籍劳工营地探访，了解其思想动态和工作生活所需，以便能够及时解决，建立相应的联络通道；并在每个劳工营地设置一个或两个无线网络路由器解决网络问题；在生活营地设置乒乓球室、羽毛球和篮球场地，供外籍员工业余期间娱乐，组织班组间的竞赛。

建立相应的慰问和奖励机制。每逢外籍劳务人员所属国家的重大假日，可组织对其进行慰问，并对表现好的外籍劳务公司或队伍给予适当的物质奖励；对于为项目做出重大贡献的外籍劳务公司，可实事求是地给其公司和驻科威特大使馆写感谢信，同时颁发奖金、奖状等。

4.4.7 项目管理效果评价

1. 第三国劳务的成功引进和使用对科威特市场盈利水平非常低的别墅项目提供了人力资源保障。同时因地制宜地采取聘用属地化工程师和工长组建外籍管理团队，进行精细化和人性化管理有力地推动了项目进展。参与本项目实施的中方管理人员国际化管理水平均得以较大提升。

2. 本项目第三国劳务的使用和管理工作在项目实施阶段取得初步实效。目前已累计签订了近175份第三国劳务合同，对劳动力密集型的别墅项目提供了人力资源保障。精细化管理使项目成本得以大大降低，通过该管理活动，项目人工成本经初步统计节约了18%。

3. 基于科威特866项目这个平台，中国一冶在科威特市场的品牌效应得到提高。与多家科威特当地企业建立良好的合作关系，人性化的管理得到劳务输出国的好评、中国一冶同时与多家第三国的驻科威特大使馆达成战略合作伙伴协议，获得了中国驻科威特大使馆的高度评价。

4.4.8 结语

1. 国际工程承包项目管理策划是项目实施的灵魂。前期应组织充分的市场考察和调研，因地制宜地制定切实可行的项目策划方案。

2. 中资公司承建国际工程应以长远的眼光和开放式思维来吸收和接纳符合项目运作的国际化专业人才组建项目管理团队。

3. 对于国际项目，应大力推行管理属地化、劳务第三国化，其中精细化管理的措施是劳务管理成功的手段，人性化管理是劳务管理成功的保证。

第5节 国际工程劳务人员的选派管理

目前，我国对外承包工程仍处于快速发展和扩张阶段，业务规模的扩大，使得对国际工程项目劳务人员面临更大需求。与此同时，国际工程市场竞争日趋激烈，而我国随着经济发展引发的人力成本逐步调高，以及各国对属地化要求愈加严格等因素影响，加强国际工程劳务人员的选派管理，对优化国际工程项目人力资源配置，提升我国对外承包工程企业自身实力具有重要意义。

对外承包工程企业的外派劳务人员的选派途径主要通过招聘方式。按照招聘方式分类，可以分为：直接招聘和间接招聘两种方式。按照劳务人员的来源地分类又可以分为：中国外派劳务、当地劳务、第三国劳务。按照招聘方式不同进行的分类研究表明，直接招聘和间接招聘，各有优缺点。各个对外承包企业、各个国际工程项目部需要按照实际情况，进行分析、比较，选择合适的劳务选派方式。

4.5.1 常用的国际工程劳务选派途径

1. 通过劳务派遣方式使用中国劳务

这种方式是通过我国承包工程企业与国内的劳务派遣公司签订一份劳务派遣合同，将中国劳务安排在国际项目工作，劳务派遣公司为劳务缴纳各项社会保险同时收取一定的劳务服务费，承包工程企业按照同工同酬的基本原则对劳务人员工资进行发放与管理。

2. 通过分包或劳务中介方式使用中国劳务

分包方式是国内劳务或工程分包商与承包商直接签订劳务或者工程的分包合同，劳务或者工程分包商直接对劳务人员进行现场管理，并按照劳务合同的分包单价来进行核算的方法。劳务中介方式是国内劳务中介根据国际工程项目的用工计划，在国内进行劳务招聘，将劳务带到项目部现场，项目部为其提供食宿，按照考勤和劳务单价发放工资，并按照一定比例支付劳务中介公司管理费，由劳务中介公司对劳务在现场进行日常管理。

3. 直接招用当地劳务

承包商通过在工程所在国注册公司取得当地用人资格，按照当地法律法规的要求和程序，直接对工程所在地的劳务进行招用和管理，按照合同约定和考勤支付工资，并按照当地规定为劳务缴纳社会保险。

4. 直接招用第三国劳务

承包商直接在第三国发布招聘信息，招用当地劳务去外国工作，并签订劳动合同，按约定支付工资，为劳务提供生活和工作的条件。

4.5.2 不同劳务选派类型的优缺点

1. 劳务派遣方式中国劳务的优缺点

劳务派遣方式的优点是劳务公司与劳务人员签订劳动合同，在实际操作上是由国际项目部使用，在使用期结束后，劳务人员将被国际项目部退回给劳务派遣公司。这就在一定程度上削弱了国际项目部直接用工所产生的法律风险，是目前我国法律和用工环境下快速解决国际工程项目劳务需求的有效方法。

缺点是因为对派遣劳务的管理工作主要是由国际工程项目部直接负责，因劳工素质的参差不齐和国际项目部管理的不到位常常容易产生纠纷和矛盾。劳务派遣员工除了签订劳务合同的主体与我们普通职工不同之外，他们的薪酬管理、社会保险缴纳、福利等方面与普通职工基本相同，使用成本较高。在项目进行过程中劳资双方发生纠纷时，国际项目部与劳务派遣公司通常均很难寻找到有效的控制力。

2. 分包或劳务中介方式中国劳务的优缺点

分包方式的优点是可以降低国际工程项目部对劳务管理的难度，同时因此种方式是对劳务和工程量的单价进行核算，相较于其他劳务使用方式，工程成本的透明度比较高，且因分包商通常具有一定的经济承受力，对项目有一定保证。另外，此种方式下，分包商对劳务人员掌握直接的控制力，能够随时了解劳务人员的思想动态和劳动成果，以便采取相适应的管理手段，从而消除不稳定因素，劳务人员发生集体事件的可能性相对较小。

缺点主要体现在，同其他国际工程项目中的直接管理方式相比较，在劳务人员的进退场的费用上和使用成本方面差别不大，但因分包商额外的现场管理人员支出及合理的利润空间需求，从而使得对劳务的使用成本较高。中介方式与分包方式的优缺点基本相同。

3. 直接招用当地劳务方式的优缺点

直接招用当地劳务方式的优点是程序简单且成本较低，能够随时招聘，可以快速解决工程项目的用工问题，对当地劳务进行直接招用还可在一定程度上缓解当地人民的就业问题。

缺点主要在于要找到符合技能要求的劳务具有一定的难度。直接招用当地劳工，给项目的管理带来严峻挑战，为了更好管理这些劳务，就需要配备更多管理人员；当地劳务容易与项目部形成抗衡的势力，若不及时处理好招用人数和对现场的管理问题，就容易发生劳务群体事件，项目部往往是处在劣势地位。

4. 直接招用第三国劳务方式的优缺点

直接招用第三国劳务方式优点是可以较容易找到使用成本低、当地稀缺的劳务。一般来说，第三国劳务因在其他国家工作且对国际项目部的诚信有严重依赖，相对比较好管理，也很少出现违规的现象。

缺点是若招聘时间过长，就不能及时满足项目的施工需要。同时因需要熟悉第三国的各种规章制度及办理各种手续，使得招聘成本增加。同时第三国劳务也会对公司的诚信度有所猜疑，增加了项目的不确定性。

4.5.3 不同劳务类型的适用范围

1. 劳务派遣方式的适用范围

采用劳务派遣方式可以解决对技能型劳务人员的需求；但是在一般性、大批量的劳务使用中不适合采用此方式。

2. 分包或劳务中介方式的适用范围

通常大量的、同质性的普通劳务，多采用分包方式。如果分包商诚实守信合规，分包方式可以简化劳务管理工作。

3. 直接招用当地劳务方式的适用范围

直接招用当地劳务方式通常适用于项目所在国法律有一定比例当地劳务要求的情况。

4. 直接招用第三国劳务方式的适用范围

直接招用第三国劳务方式适用于国际工程项目当地缺少技能型劳务人员，国内承办成本较高的情况。

在国际工程项目中，三种劳务人员即中籍劳务人员、当地劳务人员、第三国劳务人员可能同时存在。这三种关系相互关联、相互统一、相互促进。国际工程劳务管理者依靠当地劳务人员及第三国劳务人员降低成本、增加利润，依托中籍劳务人员的技术水平来保证项目的工艺水准和质量要求。目前，大部分国际工程项目的劳务管理形成了中籍劳务人员参与项目管理，带领当地劳务人员及第三国劳务人员进行施工的模式。

参 考 文 献

[1] 住建部网站《关于印发建筑工人实名制管理办法(试行)的通知》和"全国建筑工人管理服务信息平台数据标准",2019.

[2] 李如斌.劳务员专业管理实务[M].北京,中国建筑工业出版社,2016.